POCHES ODILE JACOB

UN MERVEILLEUX
MALHEUR

BORIS CYRULNIK

UN MERVEILLEUX MALHEUR

POCHES
ODILE JACOB

© Éditions Odile Jacob, 1999, février 2002
15, rue Soufflot
75005 Paris

www.odilejacob.fr

ISBN : 2-7381-1125-4
ISSN : 1621-0654

INTRODUCTION

Il ne s'agit pas du tout de ce que vous croyez. Aucun malheur n'est merveilleux. Mais quand l'épreuve arrive, faut-il nous y soumettre? Et si nous combattons, quelles armes sont les nôtres?

Où l'on s'émerveille de rencontrer des enfants qui triomphent de leurs malheurs.

L'étonnement ne date pas d'aujourd'hui. On s'est toujours émerveillé devant ces enfants qui ont su triompher d'épreuves immenses et se faire une vie d'homme, malgré tout. Mais cette manière classique de poser le problème révèle déjà la façon dont il est interprété, avant même d'être étudié. On « s'émerveille » parce qu'ils ont « triomphé » d'un immense « malheur ». La merveille et le malheur sont déjà associés. Quant au sentiment de triomphe, pour qu'il vienne à l'esprit de l'observateur, il faut que l'enfant blessé ait eu le temps d'écrire plusieurs chapitres de son histoire afin que, se retournant sur son passé, il puisse se rendre compte qu'il en a triomphé.

Ce n'est que bien plus tard, en arrivant à l'âge du sens, que nous pouvons attribuer au fracas de l'enfance une signification de triomphe. Et pourtant, à l'instant même de l'agression, il y avait déjà un sentiment mêlé de souffrance et d'espoir. Au moment de la blessure, l'enfant abattu rêvait : « Un jour je m'en sortirai... un jour je me vengerai... je leur montrerai... » et le plaisir du rêve, en se mélangeant à la douleur du réel, permettait de le supporter. Peut-être même le tourment exaltait-il le besoin d'imaginer ? « Les chemins bourbeux rendent plus désirable l'aube spirituelle et plus tenace l'exigence d'un idéal [1]. »

Le malheur n'est jamais pur, pas plus que le bonheur. Mais dès qu'on en fait un récit, on donne sens à nos souffrances, on comprend, longtemps après, comment on a pu changer un malheur en merveille, car tout homme blessé est contraint à la métamorphose : « J'ai appris à transformer le malheur en épreuve. Si l'un fait baisser la tête, l'autre la relève [2] », explique Catherine Enjolet.

Deux mots organiseront la manière d'observer et de comprendre le mystère de ceux qui s'en sont sortis et qui, devenus adultes, se retournent sur les cicatrices de leur passé. Ces deux mots étranges qui préparent notre regard sont « résilience » et « oxymoron ».

Quand le mot « résilience » est né en physique, il désignait l'aptitude d'un corps à résister à un choc. Mais il attribuait trop d'importance à la substance. Quand il est passé dans les sciences sociales, il a signifié « la capacité à réussir, à vivre et à se développer positivement, de manière socialement acceptable, en dépit du stress ou d'une adversité qui comportent normalement le risque grave d'une issue négative [3] ».

Comment devenir humain malgré les coups du sort ? Ce questionnement admiratif existe depuis qu'on cherche à découvrir le continent oublié de l'enfance. Le gentil Rémi, dans *Sans famille* [4], posait clairement le problème : « Je suis un enfant trouvé. Mais j'ai cru que, comme tous les autres enfants, j'avais une mère... » Deux tomes plus tard, après avoir connu l'enfance des rues, l'exploitation par le travail, les coups, le vol et la maladie, Rémi gagne son droit de mener une vie socialement acceptable à Londres, et la termine avec une chanson napolitaine qui évoque les « douces paroles » et le « droit d'aimer ». Le principe du genre est exactement le même que celui de Charles Dickens qui puisait dans son enfance misérable et exploitée le thème de ses souffrances et de ses victoires. « Je ne voyais aucune raison [...] pour que la lie du peuple ne servît pas [...] à des fins morales tout aussi bien que sa fine fleur [...] Elle comprend les meilleures et les pires nuances de notre nature [...] ses plus vilains aspects et un peu des plus beaux [5]. » Quand on lit *Jeunesse* de Tolstoï, on pense sans arrêt au vers d'Aragon : « Est-ce ainsi que les hommes vivent [6] ? » Quant au *Récit d'enfance* de Maxime Gorki [7], il raconte toujours le même cheminement archétypique : acte I : la désolation : *Enfance vagabonde* (1913-1914) ; acte II : la réparation : *En gagnant mon pain* (1915-1916) ; acte III : le triomphe : *Mes universités* (1923). Ces romans populaires ne mettent en scène qu'une seule idée : nos souffrances ne sont pas vaines, une victoire est toujours possible.

Ce thème est repris comme un besoin fondamental, unique espoir des désespérés : « Si tu peux voir détruit l'ouvrage de ta vie / Et sans dire un seul mot te remettre à bâtir [...] / Si tu peux être dur sans jamais être en rage [...] / Si tu peux être brave et jamais imprudent [...] / Si tu peux surmonter triomphe après défaite [...] / Tu seras un homme mon fils » (R. Kipling).

Poil de carotte, l'enfant maltraité, reprend espoir à la fin du livre ; Hervé Bazin s'apaise quand son père, enfin, fait taire Folcoche ; Tarzan, enfant vulnérable dans une jungle hostile, finit par devenir le chef bien-aimé des animaux terribles ; Zorro et Superman, tout petits fonctionnaires, triomphent des méchants et rétablissent la justice ; François Truffaut, Jean-Luc Lahaye racontent le vrai roman de leur enfance bousculée. Dans *La Cité de la joie*, Dominique Lapierre [8] décrit l'étonnante gaieté des malheureux dont témoignent tous ceux qui ont eu à s'occuper des enfants des rues [9].

Quand l'enfant blessé devient sujet de roman et objet de science.

En fait, ces contes de fées sociaux témoignent de la naissance du roman populaire dans une civilisation indus-

trielle. Ils plantent l'espoir dans le cœur des maltraités et
illustrent une seule devise : « N'ayez pas de pitié, notre rire
est une arme. Nous sommes plus forts que le désespoir. »

Au XXᵉ siècle, la ronde des spécialistes entoure les ber-
ceaux et l'enfant devient un objet de science. Chacun
découpe son morceau. L'enfant biologique du pédiatre n'a
rien à voir avec l'enfant symbolique du psychologue qui
ignore l'enfant des institutions sociales et s'étonne de la
grande relativité de l'enfant de l'historien.

La Seconde Guerre mondiale a constitué une véritable
révolution culturelle pour l'observation des enfants. Anna
Freud avait déjà remarqué que certains enfants très altérés
quand elle les avait recueillis à la nursery d'Hampstead
étaient devenus des adultes apparemment épanouis [10].
Françoise Dolto a confirmé : « Et pourtant, il y a des êtres
humains qui, de par leur destin ou des accidents arrivés au
cours de leur enfance, sont privés de la présence de leur
mère ou des deux parents. Leur développement peut se
faire aussi sainement, avec des caractéristiques différentes,
mais aussi solidement [...] que celui des enfants qui ont eu
une structure familiale intègre [11]. »

À partir des années 1990, le problème de la résilience
s'est orienté vers l'étude des facteurs de protection [12] : dans
le fracas de l'existence, un enfant met en place des moyens
de défense interne, tels que le clivage, quand le Moi se
divise en une partie socialement acceptée et une autre, plus
secrète, qui s'exprime par des détours et des surprises.
« Vous avez raison, mais tout de même »... dit la personne
clivée [13]. Le déni permet de ne pas voir une réalité dangereuse ou de banaliser une blessure douloureuse : « Mais
non, ce n'est rien du tout une paraplégie. » La rêverie est
tellement belle quand le réel est désolé. Elle imagine des
refuges merveilleux en sacrifiant les relations trop difficiles : « J'attendais le soir avec impatience pour me retrouver seule avec mes rêves. » L'intellectualisation permet
d'éviter l'affrontement qui nous impliquerait personnelle-
ment : « Calmez-vous, je ne parle pas de vous. Je parle des
agresseurs qui... » L'abstraction nous contraint à trouver
les lois générales qui nous permettent de maîtriser ou d'évi-

ter l'adversaire, alors que l'absence de danger autorise l'engourdissement intellectuel.

Enfin l'humour, d'un seul trait, métamorphose une situation, transforme une pesante tragédie en légère euphorie : « Alors, aux abords de l'humour, je l'ai éprouvé, il y a de la mort, du mensonge, de l'humilité, de la solitude, une tendresse insupportable et tendue, un refus des apparences, la préservation d'un secret, le fait d'une distance infinie, un cri en contrecoup de l'injustice [14]. » François Billetdoux, au nom plein d'humour, de tendresse insupportable et de secret mortel, ne savait pas, en écrivant ces lignes, qu'elles auraient pu qualifier le film de Roberto Benigni *La vie est belle* (1998). Il ne s'agit pas du tout de la dérision d'Auschwitz, mais au contraire d'une mise en scène de la fonction protectrice de l'humour... et de son prix : Acte I – l'humour et la gaieté se mélangent encore, dans une ambiance de fête où l'agresseur est comique, à son insu. Acte II – heureusement que les victimes ont de l'humour. Ça leur permet de supporter l'insupportable. Acte III – les survivants ont gagné. « C'est à en mourir de rire [15]. » Cette dernière phrase du film nous parle de l'ambivalence des mécanismes de défense : ils nous protègent, mais on les paie.

Georges Perec, lui aussi, a su nous faire mourir de rire [16] en nous parlant de « L'altération de l'ego chez l'animal domestique (*Arch. Psychiat. animal*, 1958, 66 : 35-38) » ou de ses études sur « La présence de cannabinol dans les brocolis lyophilisés (*Bull. Trim. Lab. Pol. Judic.*, 1979, 158 : 975-1007) ». En fait, son humour tourne en dérision la violence froide des intégristes de l'administration, ceux qui tuent parce que c'est le règlement. Et puis voilà. Pas d'états d'âme, comme dans *W ou le souvenir d'enfance* où l'Administration des solennelles Olympiades organise la mise à mort des athlètes non vainqueurs, parce que c'est le règlement. « On se fait très vite à vivre tout tranquillement à un endroit où des centaines de milliers de gens sont gazés. Cela ne m'a pas pesé [17] », témoigne Hans Münch, l'assistant du Dr Mengele, l'expérimentateur d'Auschwitz, « le plus sympathique des compagnons ».

Les dictateurs imposent le bonheur au peuple, mais ils n'aiment pas son humour qui est un signe de lutte contre la souffrance : « Le groupe Octobre, lui, s'était fait primer pour sa représentation de *La Bataille de Fontenoy*, la première pièce de Jacques Prévert, à la grande fureur de Staline pour qui un peuple heureux, comme le peuple soviétique, n'a pas besoin d'humour [18]. » Quand la douleur est trop forte, on est soumis à sa perception. On souffre. Mais dès qu'on parvient à prendre un peu de recul, dès qu'on peut en faire une représentation théâtrale, le malheur devient supportable, ou plutôt, la mémoire du malheur est métamorphosée en rire ou en œuvre d'art. Voilà pourquoi le *Journal* d'Anne Frank [19] a été si bien accueilli après la guerre, alors que les témoignages directs n'ont pas été entendus. Ils étaient insupportables parce qu'ils ne faisaient ni rire ni pleurer. De l'horreur seulement ou de l'impensable. La culture dénie quand elle ne peut pas sublimer : « Alors que si je parviens à changer votre regard sur moi, je changerais le sentiment que j'éprouve de moi. » Mécanisme de défense sur le fil du rasoir, puisque si je réussis à vous faire rire de mon malheur, je me fournirai la preuve que je redeviens le maître de mon passé et que je ne suis pas si victime que ça. Cette « mise à l'écart des exigences de la réalité [20] » permet de contrôler la représentation de son malheur, l'identité narrative du blessé de l'âme : « Je ne suis plus celui qui a été torturé... je deviens celui qui est capable de transformer la mémoire de sa souffrance en une œuvre d'art acceptable. »

Le fait que la résilience n'ait pas été étudiée alors que tous les praticiens l'ont constatée en dit long sur notre culture pour qui les survivants sont encore suspects. « S'ils ne sont pas morts avec les autres, c'est qu'ils ont pactisé avec l'agresseur. Seules les victimes sont innocentes. » Ce raisonnement sans nuances parle du Diable et du Bon Dieu. Il ne tient pas compte de l'ambivalence de nos mondes intimes où il nous arrive de haïr ceux que nous préférons et de chercher une trace d'humanité chez nos pires ennemis.

John Bowlby, un des fondateurs de la théorie de l'attachement qui connaît actuellement un immense succès, a terminé sa vie en souhaitant l'ouverture de travaux sur la résilience. La psychologie, disait-il, repose sur un *a priori* implicite qui suggère que « plus la vie est dure, plus on a de chances de faire une dépression [21] », ce qui n'est pas certain du tout. Plus la vie est dure, plus on a de chances de la trouver dure. Mais souffrance et tristesse ne sont pas des signes de dépression.

De plus, nous ne sommes jamais les mêmes puisque nous vieillissons sans cesse. Un même événement n'aura pas les mêmes effets puisque au moment de sa survenue nous aurons déjà changé. Perdre sa mère à l'âge de six mois, c'est tomber dans le vide, dans le néant sensoriel tant qu'un substitut n'aura pas pris sa place. C'est un risque vital. Perdre sa mère à six ans, c'est devenir celui qui n'a plus de mère et se transforme en « enfant-moins ». C'est un risque psycho-affectif, un trouble de l'identité. Perdre sa mère à soixante ans, c'est prendre conscience qu'un jour ou l'autre, il faudra bien affronter l'épreuve. C'est un risque métaphysique.

Les traumas sont toujours inégaux puisqu'ils surviennent à des moments différents sur des constructions psychiques différentes.

L'inégalité des traumatismes nous mène à penser
que l'Histoire n'est pas un destin.

Notre histoire n'est pas un destin.

Ce qui est écrit ne l'est pas pour longtemps. Ce qui est vrai aujourd'hui ne le sera plus demain, car les déterminismes humains sont à courte échéance. Nos souffrances nous contraignent à la métamorphose et nous espérons toujours changer notre manière de vivre. C'est pourquoi une carence précoce crée une vulnérabilité momentanée, que nos rencontres affectives et sociales pourront restaurer ou aggraver.

En ce sens, la résilience constitue un processus naturel où ce que nous sommes à un moment donné doit obligatoirement se tricoter avec ses milieux écologiques, affectifs et verbaux. Qu'un seul milieu défaille et tout s'effondrera. Qu'un seul point d'appui soit offert et la construction reprendra.

Bien sûr, au moment du traumatisme, on ne voit que la blessure. On ne pourra parler de résilience que longtemps après, lorsque l'adulte enfin réparé avouera le fracas de son enfance. On baigne dans l'illusion rétrospective, on ne parle que d'apparence, de restauration sociale, on ne sait pas ce qui se passe dans le monde intime de cet adulte, « réussi » malgré tout.

Il faut certainement aborder le problème par ses deux faces. Vu de l'extérieur, la fréquence de la résilience prouve qu'on peut s'en sortir. Vu de l'intérieur, on est structuré comme un oxymoron qui révèle la division intérieure de l'homme blessé, la cohabitation du Ciel et de l'Enfer, le bonheur sur le fil du rasoir.

Pour éclairer le mystère de ce tricot, les Anglo-Saxons qui, eux, répètent l'optimisme à chaque génération, comme un credo : « *I have, I am, I can* [22] » (« J'ai, je suis, je peux »), ont campé sur le terrain pour vivre avec ces enfants blessés de l'âme et observer leur devenir. Dans l'île de Kawaï, près d'Hawaii, deux cents enfants en grave situation de risque parental et social ont été suivis régulièrement. Quelques décennies plus tard, cent trente avaient connu une évolution médicale, psycho-affective et sociale catastrophique, confirmant l'importance des facteurs du milieu. Mais personne ne s'est intéressé à ce que sont devenus les soixante-dix enfants gais, épanouis et bons acteurs sociaux, malgré l'épreuve de leurs petites années.

Onze enfants, désignés par l'aide sociale américaine, ont été suivis pendant cinquante ans. Des rendez-vous réguliers permettaient de faire le bilan de leur état physique, psycho-affectif, intellectuel et social [23]. Au début de l'observation, ils étaient tous altérés. À l'adolescence, il y avait encore de grands facteurs de risque, surtout sur le plan affectif et social, mais on voyait s'organiser chez la plupart d'entre eux des facteurs de résilience : certains devenaient indépendants, doués pour la relation, la créativité et l'humour. Plusieurs adolescents, malgré une enfance immonde, se préoccupaient beaucoup d'éthique, prouvant à quel point la répétition n'est pas une fatalité. Vers l'âge de quarante-cinq ans, huit de ces onze enfants étaient devenus des adultes épanouis. Les trois qui ont échoué n'ont pas été ceux qui avaient été le plus agressés, mais ceux qui, trop isolés, avaient été le moins soutenus.

Les travaux qui s'accumulent depuis une ou deux décennies confirment l'impression des praticiens qui tous connaissent des histoires de cas qui montrent qu'on peut s'en sortir et que l'avenir est moins sombre quand on dispose autour de l'enfant quelques tuteurs de développement[24].

Une soixantaine d'enfants placés en famille d'accueil ont été suivis régulièrement jusqu'à l'âge de vingt-cinq ans[25]. Plus de la moitié a très bien évolué : ils sont en bonne santé, leur travail leur plaît, ils forment un couple stable et leurs enfants sont épanouis. Douze pour cent se débrouillent avec plus ou moins de bonheur. Trente-deux pour cent ont des difficultés médicales, psycho-affectives ou sociales. Le devenir de ce petit groupe est à peine plus difficile que celui de la population témoin où vingt-trois pour cent des jeunes souffrent de difficultés physiques, psychologiques ou sociales. C'est plus difficile, bien sûr, d'avoir eu une enfance fracassée mais c'est loin de la tragédie transgénérationnelle que notre discours social récite actuellement[26].

Jusqu'à présent, les chercheurs ont mis l'éclairage sur les dégâts, incontestables. Il faut maintenant partir en quête des processus de réparation.

Ce qui est intéressant pour notre sujet, c'est que presque tous ceux qui s'en sont sortis ont élaboré, très tôt, une « théorie de vie » qui associait le rêve et l'intellectualisation. Presque tous les enfants résilients ont eu à répondre à deux questions. « Pourquoi dois-je tant souffrir ? » les a poussés à intellectualiser. « Comment vais-je faire pour être heureux quand même ? » les a invités à rêver. Quand ce déterminant intime de la résilience a pu rencontrer une main tendue, le devenir de ces enfants n'a pas été défavorable.

Les enfants qui sont devenus les adultes les plus douloureux ont été les enfants de malades mentaux, de parents maltraitants et ceux qui n'ont pas pu trouver de substituts affectifs, peut-être parce qu'ils s'étaient sentis trop tôt responsables des adultes qui les blessaient. Ce qui ne veut pas dire qu'ils n'auraient pas pu s'en sortir, mais ce qui confirme que quelque chose n'a pas pu se tricoter entre leur monde intime et leur monde extérieur.

La répétition n'est pas obligatoire. Mais elle devient probable quand, pensant que ces enfants sont soumis à un destin, la culture les abandonne à leur triste sort, travaillant ainsi à réaliser ce qu'elle avait prédit. Sans compter que les chiffres qui fournissent des arguments à cette prophétie créatrice sont eux-mêmes le résultat de trois énormes fautes.

La première, c'est que les professionnels ne recrutent que ceux qui répètent la maltraitance. Ils ignorent les autres puisque les résilients se débrouillent avec leurs blessures, en dehors des circuits de l'aide sociale. Ce biais du professionnalisme est tout à fait sincère car les praticiens n'auraient l'occasion de rencontrer ceux qui s'en sont sortis qu'en dehors de leurs lieux de travail, où généralement on ne parle pas de ces choses-là.

La deuxième faute, c'est que la réciproque n'est pas vraie. S'il est exact que les parents maltraitants ont souvent été des enfants maltraités, il ne l'est pas de dire que les enfants maltraités deviendront des parents maltraitants [27].

La divergence des chiffres obtenus par ces travaux n'est pas un signe d'incohérence, mais au contraire la preuve que le devenir des blessures d'enfance dépend fortement des différentes organisations du milieu. Après la Seconde Guerre mondiale, quand les enfants abandonnés devenaient parents et que leur développement socioculturel avait été mauvais, ils répétaient souvent l'abandon et plaçaient leurs enfants, comme ils avaient été eux-mêmes placés. En situation de catastrophe socioculturelle, l'idée d'abandonner les enfants leur venait à l'esprit à cause de leur histoire privée. Mais depuis les années 1980, la répétition des placements a pratiquement disparu parce que les institutions sociales et affectives entourent mieux ces personnes.

La troisième faute, c'est d'avoir trop séparé le monde intérieur du monde extérieur, au point de nous avoir fait croire qu'un individu pouvait échapper à son contexte. Or, si un événement s'imprègne dans la mémoire intime d'une personne, c'est qu'il a été mis en lumière par les réactions émotionnelles de l'entourage ou par l'importance que lui attribue la culture. Un même scénario comportemental peut prendre un sens opposé selon son contexte social : vendre de la drogue est considéré comme un crime par ceux qui sont socialisés, alors que c'est un comportement de sauvetage, de réparation ou de résilience même, pour ceux qui ont été socialement humiliés. Dans les quartiers où l'on patauge dans la misère sociale et culturelle, les enfants sont constamment humiliés. À l'école ils sont de mauvais élèves, parce que la famille souvent n'y attache pas d'importance ou parce qu'ils doivent travailler la nuit pour gagner un peu d'argent. Dans la rue où la violence règne, ils sont souvent battus ou menacés parce qu'ils sont faibles. À son tour la société ne les intègre pas, les met au chômage et souligne leurs échecs constants, jusqu'au jour où un dealer leur apprend qu'en une seule soirée ils peuvent gagner assez d'argent pour reconquérir leur dignité. Dès le lendemain, ils donnent de l'argent à leur famille et peuvent à leur tour dominer ceux qui les ont battus [28]. Entravés dans leur aventure sociale et culturelle, ils deviennent résilients grâce à la délinquance. Ils se réparent en réparant leur famille et retrouvent leur dignité en devenant délinquants. Ce scénario de sauvetage est classique chez les gamins des rues de Bogotá ou de São Paulo. Un petit garçon qui refuserait la délinquance aurait toutes les chances d'être éliminé. Ceux qui possèdent ce talent, qui constitue une valeur dans un tel contexte, s'en sortent si bien qu'ils achètent d'immenses domaines, se paient des armées privées et mettent leurs enfants dans les collèges de luxe où ils reçoivent une excellente éducation. La maltraitance sociale pour ces gamins résilients ne se répète absolument pas, puisque leurs enfants ne se droguent jamais et que, dans un tel contexte, le fait d'avoir un père criminel constitue plutôt une chance sociale.

En fait, la résilience se tricote avec mille déterminants qu'il faudra analyser, car certains sont probablement plus accessibles et plus efficaces que d'autres. Le tissage du sentiment de soi semble un facteur capital de l'aptitude à la résilience. Or, le sentiment est une émotion physiquement éprouvée qui a pour origine une représentation sociale : insulter un enfant en le traitant de « bâtard » ne provoque pas le même sentiment que de le considérer comme un enfant de prince. Ce qui revient à dire que l'émotion qu'un enfant éprouve et exprime par ses comportements a été plantée dans son âme par un discours social.

Il y a actuellement en Israël deux cent mille personnes âgées de près de soixante-cinq ans, survivantes de l'Holocauste [29] : vingt-huit pour cent ont survécu aux camps, cinquante-huit pour cent ont été cachés et presque dix pour cent ont été des résistants armés malgré leur très jeune âge. Il se trouve qu'après la guerre tous ces enfants ont été dépressifs pendant plusieurs années, sauf les enfants résistants armés.

Cette donnée est difficile à interpréter. Ces enfants ont-ils été résistants parce qu'ils étaient déjà les plus résilients ? Le sentiment d'appartenance qui a si bien soudé les résistants les a-t-il protégés de la dépression ? Ou l'identité narrative, le récit qu'ils se sont fait dans leur for intérieur, pendant les années d'après-guerre : « Je suis celui qui, à l'âge de huit ans, a tenu tête à l'armée allemande », leur a-t-il donné un sentiment de soi plus proche du héros que de la victime ? S'il est vrai que la résilience est un tricot, tous ces facteurs sont associés. Mais ce qui vaut à un moment de la vie ne vaut plus rien à un autre où il ne provoque plus les mêmes effets. Il se trouve que c'est dans le sous-groupe des enfants déportés vers l'âge de cinq ans qu'il y a eu le plus de dépressions après-guerre, ce qui n'est pas surprenant. Mais c'est aussi ce même sous-groupe qui a donné les plus belles réussites sociales et familiales. Le sous-groupe des enfants résistants armés n'a pas donné de dépressifs. Mais ces petits héros, devenus adultes, se sont contentés d'une place sociale moyenne, suffisante à leur bonheur puisqu'ils avaient la sérénité facile. Alors que le groupe des enfants déportés devaient absolument réussir leur vie familiale et leur aventure sociale, s'ils voulaient surmonter l'immense blessure des camps. La dépression de l'après-guerre les a poussés à surinvestir le bonheur de l'affectivité familiale et de la réussite sociale. La dépression les a contraints à la recherche du bonheur ! Le prix de la résilience, c'est bien l'oxymoron.

Une défense victorieuse ne coûte que quelques oxymorons.

L'oxymoron est une figure de rhétorique qui consiste à associer deux termes antinomiques. « L'obscure clarté » de Corneille en est l'exemple le plus célèbre [30]. Quand l'adjectif « merveilleux » qualifie un objet auquel on ne s'attend pas – le malheur –, cette figure permet d'exprimer une antithèse. Ce n'est pas l'ambivalence où le sujet exprime deux sentiments opposés d'amour et de haine dans son élan vers la personne : « Une bataille fait rage chez notre amoureux entre l'amour et la haine qui sont dirigés vers la même personne », dit Freud à propos de l'Homme aux rats [31]. Ce sentiment est particulièrement net dans la jalousie quand Othello veut tuer celle qu'il aime le plus au monde pour la posséder totalement, ou quand l'enfant mord sa mère dans son exaspération amoureuse. L'ambivalence caractérise une pulsion, un mouvement vers l'aimé que l'on désire et qui nous attache, nous emprisonne même. Alors que l'oxymoron fait apparaître le contraste de celui qui, recevant un grand coup, s'y adapte en se clivant. La partie de la personne qui a reçu le coup souffre et se nécrose, tandis qu'une autre mieux protégée, encore saine mais plus secrète, rassemble avec l'énergie du désespoir tout ce qui peut donner encore un peu de bonheur et de sens à vivre. La gangrène et la beauté, le fumier et la fleur se trouvent ainsi associés lors de l'adaptation au fracas. Quand Gérard de Nerval parle du « soleil noir de la mélancolie », il n'oppose pas deux sensations, il les associe au contraire, comme les patients mélancoliques qui se disent fascinés par l'horrible merveille de la mort : « horrible » parce qu'ils ont peur de leur propre désir de mourir, et « merveille » parce qu'ils espèrent ne plus souffrir. Chaque terme souligne l'autre, et le contraste les éclaire. L'oxymoron devient caractéristique d'une personnalité blessée mais résistante, souffrante mais heureuse d'espérer quand même. Clef de voûte de l'histoire d'une blessure, comme « dans l'art gothique les poussées opposées des arcs soutenant les voûtes se rencontrent [32] », nous explique André Ughetto. Le bâtiment ne tient debout que grâce à la croisée des ogives, les deux forces opposées sont nécessaires à l'équilibre.

En général l'éducation cherche à épurer l'ambivalence. On doit aimer ses proches et tout leur pardonner, comme il est moral de haïr ses ennemis et de les éloigner. Alors tout sera clair et l'ambivalence contrôlée nous permettra d'exprimer un code d'interactions pures : on aime ou on déteste, il faut choisir pour être à l'aise.

Dans l'oxymoron, les deux sont nécessaires. D'ailleurs, ils sont inévitables puisque la blessure vient de l'histoire quand un événement extérieur l'a infligée et l'a imprégnée dans le corps et la mémoire. L'oxymoron décrit une pathologie de la coupure du lien qu'il faudra renouer, alors que l'ambivalence désigne une pathologie du tissage du lien.

Quand Baudelaire, champion de l'oxymoron, écrit [33] : « Chaque instant te dévore un morceau de délice [...] Tu m'as donné ta boue et j'en ai fait de l'or », il définit parfaitement l'alchimie de la douleur, la nécessaire rencontre qui provoque la métamorphose des grands blessés de l'âme. Ils n'ont pas à choisir, eux, entre le pour et le contre, entre la thèse et l'antithèse. Ils sont blessés, c'est comme ça ! Ils n'ont qu'à s'adapter et être heureux quand même, s'ils le peuvent, dans la boue et la douleur : « Ô fangeuse grandeur ! sublime ignominie. »

« Monsieur Muscle » est vulnérable « sous un soleil de glace ». Dans un univers de « froide cruauté », le surhomme est le poète : « Il y en avait une, je me mettais toujours à côté. Elle connaissait des poèmes et des poèmes [34] », dit Geneviève Anthonioz-de Gaulle en évoquant sa déportation à Ravensbrück [35]. Elle dit aussi : « Comme moi, beaucoup de mes camarades sont sorties des camps de concentration plus fortes et plus humaines. D'autres ne s'en sont jamais sorties [...] Au moment où on est en train de flancher, une main qui vous reprend. C'est comme cela qu'on survit [...] Nous pouvons être des veilleurs d'espérance [36]. »

La poésie, la main tendue deviennent des valeurs désuètes dans des sociétés gavées et engourdies. Mais quand on a connu Ravensbrück, tous les événements de la vie renvoient à cette blessure et lui confèrent une qualité : est-ce qu'une facture a vraiment plus de valeur qu'un homme handicapé ? Peut-on ignorer la misère quand on a soi-même lapé la soupe renversée par terre ? Le fracas devient la valeur de référence tatouée dans la mémoire, et désormais tous les événements s'y réfèrent inévitablement. Pour cette femme généreuse et courageuse, tous les actes sociaux se situent par rapport à Ravensbrück : la protègent-ils, ou l'y ramènent-ils ? Pour ceux qui ont surmonté l'épreuve, le malheur devient l'étoile du berger qui oriente vers le miracle, et l'oxymoron exprime comment une souffrance se métamorphose en œuvre d'art : « L'éblouissante infortune de la vie », écrit Jorge Semprun [37] ; « Cette violence est un calme qui vous agite », raconte Jean Genet [38] ; « Chaque soir je me raconte une histoire à dormir debout qui me permet de rester éveillée », explique Chantal (neuf ans [39]).

Un malheur n'est jamais merveilleux. C'est une fange glacée, une boue noire, une escarre de douleur qui nous oblige à faire un choix : nous y soumettre ou le surmonter. La résilience définit le ressort de ceux qui, ayant reçu le coup, ont pu le dépasser. L'oxymoron décrit le monde intime de ces vainqueurs blessés.

Le triomphe d'un blessé n'a jamais disculpé l'agresseur.

Alors, dit la culture, « tout est pour le mieux dans le meilleur des mondes ». « Détrompez-vous, répond le conquérant de l'extrême, un autre drame se prépare. Vous m'avez fait taire à l'époque où je souffrais en silence parce que votre déni vous protégeait de la vérité. Vous cherchez encore à préserver votre tranquillité en vous indignant du témoignage de ceux qui s'en sont sortis. Seul l'ordinaire est pensable. Tout ce qui en dévie est éprouvé comme une agression. »

Dire à une victime qu'il est possible de s'en remettre n'est pas relativiser le crime de l'agresseur. Mais quand la victime cicatrise et parvient à transformer sa douleur en combat, l'agresseur risque de paraître un peu moins monstrueux. Ce raisonnement émotionnel n'est pas rare. Après chaque exposé sur la résilience, on a entendu une vertueuse indignation : « Comment osez-vous dire que la guerre, ce n'est rien [40] ? » a-t-on rétorqué au Libanais qui venait d'expliquer qu'un grand nombre d'enfants pouvaient « traverser la guerre » sans trop de séquelles, à condition que les adultes chargés de s'en occuper n'ajoutent pas leurs propres angoisses aux difficultés des petits... « Soyez sûr que je n'enseignerai jamais que violer une femme n'a pas de conséquences », a répondu cette professeure de philosophie au psychiatre qui venait de dire que les femmes agressées sexuellement devenaient quand même des êtres humains capables d'aimer et de travailler [41].

Les travaux qui révèlent et cherchent à comprendre la résilience n'excluent pas du tout ceux qui décrivent les blessures. Dire : « Il y a des victimes du viol qui se remettent assez vite du traumatisme [42] », ce n'est tout de même pas dire qu'il est convenable de violer ! Chercher à comprendre ce qui se passe dans l'esprit d'un criminel n'est pas le protéger ; c'est prévenir l'agression. Ce qui n'empêche que dans l'instant de la compréhension, on éprouve moins de haine. Le courageux Serge Klarsfeld dit qu'il ne veut rien savoir de la personnalité de ceux qu'il traque car, s'il établissait avec eux une relation personnelle, il ne pourrait plus les poursuivre. Le généreux Daniel Herrero, l'entraîneur de rugby, explique qu'il ne veut pas que ses joueurs parlent avec les adversaires, ça les rendrait moins agressifs.

Certains aiment la haine qui améliore leurs performances. Mais les blessés de l'âme ne veulent ni haïr, ni se soumettre : ils veulent s'en sortir. Trop souvent, la culture, qui devrait les protéger, les agresse au nom de la morale : « Je suis une combattante. Ce qui m'est arrivé (l'inceste) m'a rendue pas comme les autres. Je suis obligée de devenir plus sage et plus forte. Les émissions télé disent que ces enfants tournent mal. Je ne veux pas que ce soit moi. Mais ça me fait très peur », me dit cette jolie jeune femme qui vient de monter une entreprise et doit cacher sa tragédie pour paraître normale. Après avoir été agressée par son père, elle est agressée par la culture qui la menace du plus sombre destin.

Psychozorro a besoin que la victime reste victime, afin qu'il puisse voler à son secours. Si par malheur elle s'en sort et devient victorieuse, que deviendra Psychozorro ?

En associant les informations obtenues par les méthodes populationnelles avec « le suivi de cas uniques [43] », nous comprenons mieux ce qui fait loi pour le groupe et ce qui fait liberté pour l'individu. Alors, en réintégrant « ces aspects de devenir dans les sciences naturelles [44] » nous pourrons nous laisser aller à un peu plus d'optimisme.

CHAPITRE PREMIER

L'espoir inattendu

*Ce qui impressionne un enfant et reste dans sa mémoire ne
veut rien dire pour un adulte qui invente son passé.*

« C'est dur, quand on a six ans, d'être condamné à
mort », raconte Bernard. « Une nuit, j'ai donc été arrêté.
C'est la lumière qui m'a réveillé. Lumière brutale, ça veut
dire quelque chose. Il y avait dans ma chambre à peu près
six hommes, je crois. Je n'avais pas peur tant j'étais
étonné. La chambre était petite et les hommes s'étaient
répartis autour du lit. Les civils m'ont étonné, bien plus
que les soldats. Ils portaient des lunettes noires, en pleine
nuit. Un chapeau-feutre sur le col relevé de leur cana-
dienne leur donnait bel aspect. Ils pointaient sur moi un
revolver et dans l'autre main tenaient une torche élec-
trique. Les soldats allemands, en retrait, avaient gardé leur
fusil sur l'épaule.

« Quand on a allumé la lumière, les revolvers sont rede-
venus ridicules au grand jour. Mme Thibault a préparé
une petite valise en expliquant aux policiers qu'elle était
prête à me garder. Ils ont répondu qu'ils devaient m'arrê-
ter parce que plus tard, quand je serai grand, je deviendrai
un ennemi de leur parti politique. J'ai été très étonné
qu'on attache tant d'importance à mes futures opinions.

« Les soldats allemands ne parlaient pas. Presque au garde-à-vous. Pas vraiment. Un regard curieux, vaguement vers le plafond, impossible à croiser. Les policiers français parlaient, regardaient, décidaient, donnaient des ordres. Humains, quoi. Mais les Allemands étaient là, fusil sur l'épaule, debout dans le couloir, ils regardaient au-dessus des têtes, pas en l'air, pas dans les yeux non plus. Moins humains, quoi.

« Dehors, il faisait froid, la nuit noire. L'armée était plus présente. La rue était barrée par des soldats alignés, mitraillettes pointées. Ils composaient un chemin qui conduisait à des camions bâchés et des tractions avant noires. Sur le trottoir, les soldats méchants criaient et donnaient des coups de pied. Dans la traction avant où l'on m'avait poussé, un homme pleurait, en regardant droit devant lui. Pas de peur, pas de douleur. Un étonnement immense car l'homme qui pleurait, en avalant sa salive, faisait monter et descendre une très grosse pomme d'Adam. »

La mémoire est ainsi faite qu'un événement dépourvu de signification ne laissera aucune trace dans la mémoire. Dans un monde d'enfant, s'étonner d'une glotte laisse une trace plus forte que la mort à venir. Le mot « mort » n'est pas encore adulte, alors qu'une glotte qui monte et descend laisse une impression durable. C'est une forte émotion pour un enfant.

Les adultes inventent le passé puisqu'ils ont des idées à la place des yeux, alors que la mémoire de l'enfant, marquée par les lunettes noires la nuit et la glotte qui rebondit, est plus précise que celle des adultes, piégés par leurs théories. Simplement elle ne porte pas sur les mêmes domaines.

La mémoire des adultes s'enrichit avec l'âge grâce aux reconstructions sociales dans lesquelles l'événement prend sens, alors que les enfants gardent en mémoire un détail qui, pour eux, signifie quelque chose. Les lunettes noires la nuit font découvrir à l'enfant qu'un adulte peut ne pas être logique. Et une glotte qui rebondit témoigne de la découverte d'un caractère sexuel inattendu. L'armée allemande, la police française n'entrent dans la mémoire que cinquante ans plus tard, dans un autre contexte social qui réclame la vérité.

Mais il ne faut pas trop dénigrer les questions rétrospectives. Il ne s'agit pas de mensonges, mais de recomposition du passé. Il est certain qu'un récit dépend de l'intention de celui qui parle et de l'effet qu'il désire produire sur la personne à qui il s'adresse. Pour réaliser ce projet, il utilise les événements de son passé pour inventer une chimère autobiographique où tous les éléments sont vrais, et pourtant ne servent qu'à composer un animal qui n'existe que dans l'invention de son histoire.

Cette mémoire fortement contextualisée dépend de la manière de poser la question : « Combien de matches de football avez-vous vus lors de la dernière Coupe du monde ? » donnera des réponses imprécises ; alors que : « Avez-vous vu des matches de football ? » donnera des réponses précises. Le contexte social donne à la mémoire autobiographique des repères plus fiables que l'enchaînement des événements. Nous sommes faits pour voir le monde extérieur comme une évidence, comme une image qui se fixe dans notre mémoire et que nous chercherons plus tard à situer dans un alentour de repères familiaux ou sociaux. Ce sont les repères extérieurs qui donnent cohérence à l'enchaînement de nos images intérieures. Sinon les souvenirs s'accumuleraient sous forme d'images enchevêtrées où un sens aurait bien du mal à apparaître.

L'organisation temporelle d'un cafouillis d'images ne se fait que si autrui date les événements qui nous sont arrivés. Les enfants placés qui changeaient d'institution vingt à trente fois en une dizaine d'années, gardent des souvenirs précis, totalement incohérents. Ils racontent comment un moniteur ne s'adressait à eux que par de brefs signes de la main et quelques claquements de langue pour ne pas avoir à leur adresser la parole. Ils se souviennent de la couleur du feuillage et de la forme de la cabane qu'ils avaient construite en cachette, du jeu d'osselets qu'ils pratiquaient, vautrés dans la poussière, mais ils sont incapables de dire où se déroulaient ces scènes précises, ni pourquoi, ni comment. Un moment dépourvu de sens est resté dans leur mémoire, comme un flash. Des histoires sans paroles sont imprégnées dans leurs souvenirs parce qu'elles ont provoqué des émotions, mais elles sont insignifiantes pour un adulte qui a pourtant participé au même événement. Les images sont insensées quand on ne peut pas les situer et en faire un récit.

Le souvenir imagé de la pomme d'Adam marque fortement un enfant de six ans condamné à mort, alors qu'il échappe à un adulte. Quant aux lunettes noires la nuit, un adulte sensé a du mal à y croire. Et pourtant, cinquante ans plus tard, le témoignage de quelques personnes qui ont réalisé ces arrestations confirme que certains inspecteurs français cachaient leur regard derrière ces lunettes.

C'est l'émotion éprouvée au moment du fait qui explique que certains événements se transformeront en souvenirs, alors que d'autres ne laisseront aucune trace. Cette émotion s'explique aussi bien par la petite histoire de l'enfant que par la grande histoire publique [1].

Le jour de l'assassinat du président Kennedy, je passais la journée dans la famille de ma femme. Je crois me rappeler l'annonce à la radio, mais je n'en suis pas certain, alors que l'image des meubles de la chambre, la netteté de la courte-pointe sur le lit et même le temps qu'il faisait quand j'ai traversé le jardin pour en parler à notre hôte gardent encore une précision que je pourrais détailler. En revanche, il m'est impossible de dire si cette scène se situait à Paris ou à Montpellier.

Pour un enfant, l'assassinat d'un président n'a pas de sens. L'espace de ses représentations est encore trop proche pour qu'un acte lointain puisse le toucher. En revanche, les réactions émotionnelles des adultes qu'il aime constituent un monde qu'il éprouve. L'émotion manifestée par ses figures d'attachement sert alors de repère à ses images. Elle fixe les événements sous forme de souvenirs et leur donne cohérence, à condition que l'enfant rencontre quelqu'un à qui en faire un récit.

Lors des bombardements de Londres,
les enfants se sentaient en sécurité
quand leur mère était confiante,
de même que les petits otages de M. Human Bomb
ont été amusés par le jeu de l'institutrice.

Lors des bombardements de Londres pendant la Seconde
Guerre mondiale, Anna Freud avait remarqué la sérénité
des nourrissons dans les abris. Autour d'eux, le sifflement
des bombes, le grondement de la terre, le tremblement des
murs de l'abri ne les atteignaient pas. La raison est bien
simple, disait-elle, c'est que pour eux le monde n'a pas
changé. Ils sont toujours bien à l'abri dans le creux des bras
maternels. Si l'esprit de la mère est serein, le nourrisson se
sent en totale sécurité dans ses bras. Mais si la mère
tremble ou simplement se crispe, le monde du bébé est
complètement bouleversé. Plus tard, quand le monde du
petit sera métamorphosé par la parole, il baignera toujours
dans l'émotion des autres. Mais c'est le récit qui fixera les
images et leur donnera sens.

Lors de la prise d'otages de l'école maternelle de Neuilly-
sur-Seine par M. H. B. *(Human Bomb)*, les enfants ont été
plus effrayés par ceux qui les ont sauvés que par celui qui
menaçait leur vie. Dans un monde d'adultes, le danger
venait de cet homme bardé de grenades qui menaçait de se
faire sauter avec les enfants. Mais dans un monde
d'enfants, ce monsieur n'était pas effrayant. Sa présence
introduisait un événement curieux, avec des déplacements
inhabituels et des jeux inattendus. D'autant que le talent de
l'institutrice, en présentant l'homme comme l'acteur d'un
jeu, avait découvert le mécanisme de défense qu'illustre
Roberto Benigni dans *La vie est belle*. En revanche, quand
les policiers firent irruption dans la maternelle, se saisis-
sant des petits pour s'enfuir avec eux, les enfants se sont
sentis arrachés à leur « sécurité » par ces voleurs cagoulés
qui s'enfuyaient à toute allure avec les petits corps dans
leurs bras. Ils couraient au milieu d'autres adultes qui
criaient pour leur indiquer le chemin de l'abri. Ça, c'était

l'horreur [2] ! Ça, ça risque de laisser dans leur mémoire des images précises. Peut-être le bruit de la course ? Peut-être une médaille qui saute sur le blouson ? Peut-être une joue mal rasée ? Un détail pourra symboliser l'horreur. À moins que l'émotion ne soit retravaillée, par le dessin, par le théâtre, par le récit, par la réflexion, par tout ce qui pourra transformer l'affect. Si on laisse les enfants seuls, le souvenir de leur frayeur leur reviendra chaque soir, comme une épure. La stylisation du souvenir donnera à des objets simples le pouvoir d'évoquer cette frayeur : un bruit de pas dans le couloir, une médaille qui saute, une joue mal rasée évoqueront l'horreur. Mais si l'enfant peut adresser son dessin, son récit, sa réflexion ou sa mise en scène à un autre qui rit, qui commente ou qui pleure, c'est l'enfant qui redeviendra maître des émotions puisque c'est lui qui, par ses petites productions artistiques, parviendra désormais à donner forme à ses images, à ses mots, à ses mimiques, afin d'agir sur l'autre. C'est la présence d'un spectateur qui offre à l'enfant la possibilité de se reprendre.

Si Michel, âgé de cinq ans, a éprouvé son arrestation comme une fête, c'est parce qu'il avait souffert d'un isolement affectif avant d'être enfermé à Drancy. Mais Renate, qui adorait sa mère, revoit, encore aujourd'hui, chaque soir, le corps de sa mère fusillée à la Libération.

Le petit Michel, âgé de cinq ans, a passé trois semaines interné dans le camp de Drancy, pendant la dernière guerre. Il a pu s'en échapper au cours d'un transfert. Avant d'être arrêté, il avait passé six mois dans une pièce confortable où il avait été caché par une famille parisienne. Six mois d'isolement social et sensoriel presque total : pas de radio, pas de lectures, pas de copains, pas de famille. Deux phrases par jour par les gens courageux qui lui apportaient sa nourriture. Après quelques semaines d'isolement, l'enfant finissait par ne même plus répondre. Au bout du premier mois d'isolement, sa seule activité consistait à marcher autour de la table. À force de répéter ce mouvement, il avait fini par le stéréotyper en faisant des grands pas et des mouvements de balancier avec les bras. Parfois, il s'arrêtait pour se balancer sur place, ou tournoyer sur lui-même. Quand il était saoulé par ces stimulations internes, il s'allongeait par terre et se léchait les genoux.

Il fut arrêté sans un mot.

Pour lui, l'internement fut une résurrection. Il retrouvait la vie, le bruit, les visages, le rythme des repas et des rencontres qu'il avait oubliés pendant sa longue solitude. Il était avide de contempler les visages. Chaque nouvel arrivage de prisonniers devenait un événement passionnant. La rencontre avec d'autres enfants fut une émotion extrême, d'autant qu'ils souriaient, parlaient et partageaient des jeux.

Cinquante années plus tard, une confrontation des souvenirs a donné des résultats étonnants. Les courageux Parisiens qui ont sauvé l'enfant n'ont eu aucune conscience de la souffrance qu'il avait endurée. Les adultes ne se sont rappelé les stéréotypies et le mutisme de l'enfant que lorsqu'on a assailli leur mémoire par des questions précises. Ce qui a fait événement pour eux, c'est l'alentour social : le jour où la voisine, apportant le bidon de lait, a entendu les pas et a voulu savoir ce qui se passait dans le salon... le jour où des inspecteurs sont venus visiter la maison, en oubliant cette pièce... le jour où l'enfant s'est échappé malgré les recommandations, mettant ainsi en jeu la vie de la famille.

Michel, lui, en entendant les récits, retrouvait quelques images. Aucun souvenir social, ni de la voisine, ni des inspecteurs, ni de la fugue. Quelques souvenirs de choses, un napperon, une pendulette et quand il se léchait les genoux. Il fut ahuri d'apprendre qu'il avait passé six mois dans cette pièce, car la découpe du temps n'avait existé que dans l'esprit des adultes qui avaient gardé les repères sociaux, pas dans le sien.

Ce n'est qu'après cette affectueuse confrontation que Michel a osé nous dire qu'il avait éprouvé l'internement à Drancy comme une fête, un retour à la vie, une résurrection et qu'il avait été probablement plus altéré par l'isolement sensoriel provoqué par la famille qui lui avait sauvé la vie que par l'internement qui le condamnait à mort.

Renate n'a pas eu cette chance en 1945. Elle avait cinq
ans quand elle a assisté à l'arrestation de son père par une
bande de joyeux jeunes gens armés portant un brassard.
Elle a eu un peu peur mais n'a pas trop souffert puisqu'elle
était peu attachée à cet homme qui ne faisait que de brèves
apparitions dans sa vie. En revanche, quand sa mère a été
jugée par un tribunal qui avait dressé une table avec des
tréteaux sur la place du village, elle a compris que quelque
chose de très grave se préparait. C'est pourquoi elle s'est
précipitée vers le lieu des coups de feu. Elle a repoussé les
jambes des adultes pour se faufiler et voir, par terre, le
corps de sa mère. Là, deux images l'ont imprégnée pour
toute la vie : sa mère avait été fusillée dans le ventre, et non
dans la poitrine. Et une voix d'homme a dit simplement à la
petite fille : « Il y a une seconde, elle t'appelait encore. »
Quand le cercueil qui contenait sa mère a été descendu en
terre, Renate a ramassé un petit bout de corde qui soute-
nait la caisse. Depuis plus de cinquante ans, Renate vit avec
ce souvenir. Dès qu'elle se décontracte, dès que sa vigilance
diminue, l'image de la robe trouée par les balles surgit dans
son monde d'images intimes : « Pourquoi, là ?... » Et dans
son souvenir, la phrase de l'homme : « Il y a une seconde,
elle t'appelait encore » signifie après coup : « Tu ne lui as
même pas dit adieu. » Alors Renate se réconforte avec le
bout de ficelle qui, lui au moins, a côtoyé sa mère sans la
juger. Elle a mis la ficelle dans une boîte sur la cheminée et
la regarde souvent. Car elle ne peut jamais en parler. Comment comprendre, quand on a cinq ans, que son père faisait partie des gardes du corps de Doriot ? Comment
concevoir, quand on est une toute petite fille, qu'épouser un
tel homme et faire le ménage dans la belle maison d'un col-
laborateur mérite la mort ? Sa mère était belle et si gaie.
Pourquoi dans le ventre ?

Renate a été élevée dans une institution religieuse très
dure où personne ne lui parlait. Tout le monde savait.
Aujourd'hui, elle est assistante sociale, dans la région de
Nice qu'elle n'a jamais quittée. Les souvenirs lancinants de
la phrase de l'homme et de l'image de sa mère au ventre
troué se sont estompés lors des années qui ont suivi son

mariage et ses maternités. Avec le départ de ses enfants, Renate découvre que ses réminiscences n'étaient qu'enfouies et qu'elles resurgissent chaque soir, comme si c'était hier.

Peut-être que si Renate avait pu en parler, en faire un dessin, un livre, une œuvre d'art, ou même militer dans une association d'enfants de parents fusillés à la Libération, aurait-elle moins souffert ? Mais jamais la culture n'aurait accepté ça, elle qui tolère exclusivement les témoignages qui renforcent son mythe.

L'émotion qui fixe les souvenirs résulte de la rencontre entre le niveau de développement d'un enfant et ses repères extérieurs.

On n'est pas sensible aux mêmes informations à tous les âges : un nourrisson, qui habite les bras de sa mère, ignore les présidents. Un enfant ne comprend pas les raisons politiques qui font fusiller ses parents. Ce n'est pas l'objectivité d'une situation qui nous éprouve le plus : la faim, le froid, les coups jouent un rôle, bien sûr, puisqu'ils nous contraignent à l'immédiateté de manger, de se réchauffer ou de se protéger. Mais notre monde psychique est façonné par nos représentations où les repères charpentent notre monde intérieur. C'est pourquoi les événements familiaux de la dispute de nos parents, de leurs rituels de couple ou des déménagements suscitent des émotions qui datent nos souvenirs. Plus tard, en grandissant, les repères deviennent encore plus sociaux : l'école, les enseignants, les bagarres, les examens puis les changements de métier et les événements politiques organiseront les événements du milieu qui nous pénètre et imprègne notre monde intime.

C'est pourquoi, malgré sa datation qui vient de l'extérieur, le sens que nous attribuons aux événements n'a qu'un usage privé. Mais dès que nous en faisons des récits, nos souvenirs cessent d'être insensés : « J'avais donc vingt ans, et un jour, il était deux heures de l'après-midi, je me souviens parfaitement, en présence de ma mère, je me suis jeté sur un canapé et j'ai dit : " Je n'en peux plus. " Ma mère m'a répondu : " Si j'avais su, je me serais fait avorter. " Cela m'a fait une impression extraordinaire mais pas du tout négative. Au lieu de me révolter, j'ai eu, je me rappelle, une sorte de sourire, et cela a été comme une révélation : être le fruit du hasard sans aucune nécessité, cela a été d'une certaine façon une libération [3] », raconte Cioran.

Si nous étions des êtres logiques, nous passerions notre temps à souffrir. Mais comme nous sommes des êtres psychologiques, nous attribuons à chaque événement une signification privée qui a été imprégnée en nous par notre milieu, au cours de notre développement et de notre histoire. Ce qui explique que certains seraient fracassés par une telle phrase, alors que d'autres sont libérés.

Si le petit Michel a éprouvé Drancy comme une fête, c'est parce que, dans son histoire, il avait connu auparavant une période d'isolement sensoriel terrible qui avait probablement altéré son cerveau des émotions et de la mémoire. Le camp d'internement, pour lui, prenait la signification d'un merveilleux réchauffement. Il était avide du moindre étonnement humain qui prenait, pour lui, la signification d'un retour à la vie alors que, pour les autres, il s'agissait d'une condamnation à mort.

Quand le réel est terrifiant, la rêverie donne un espoir fou.
À Auschwitz ou lors de la guerre du Pacifique,
le surhomme était un poète.

Cet exemple explique l'étonnante variation des réponses à une même agression. Dans le même camp, à la même époque, trois enfants avaient été arrêtés avec leur mère. Elle a disparu un matin, probablement emmenée à Auschwitz, séparée de ses enfants. Quand Albert, âgé de dix ans, a compris qu'ils ne la reverraient plus, il a réagi instantanément en pensant : « Bon, à moi de me débrouiller maintenant. » Il a découvert un abri pour son frère et sa petite sœur. Puis il est parti à la recherche d'un peu de nourriture. Édouard, l'aîné, fut totalement désespéré. Replié sur lui-même, il ne pensait qu'à sa mère, au vide, à l'immense manque que sa disparition brutale allait laisser en lui durant toute sa vie. Quant à Rose, la petite dernière, elle s'étonne de la haine qu'elle éprouve encore pour sa mère

disparue et ne peut toujours pas s'empêcher de penser :
« Maman, je t'en veux de nous avoir abandonnés. »

Après la guerre, Albert fut placé dans une famille
d'accueil dépourvue de tendresse. Il y travaillait énormément, se levant à quatre heures pour faire le ménage avant
d'aller à l'école. L'absence de tendresse n'impliquait pas
l'absence de tentatives sexuelles. La « mère d'accueil » réussit deux ou trois approches, puis n'insista plus. Quant au
« père d'accueil », il tenta de forcer l'enfant qui se bagarra
vigoureusement. On n'en parla jamais. Albert a éprouvé
une curieuse sensation après ces tentatives plus ou moins
abouties. Il fut étonné par son calme intérieur, car les
agressions lui permettaient de penser : « Ça va, je n'ai plus
rien à faire avec ces gens. Ils m'hébergent. Je fais leur
ménage. Nous sommes quittes. Je partirai dès que je serai
grand. » L'agression du couple d'accueil avait libéré Albert,
comme l'aveu, « Si j'avais su, je me serais fait avorter »,
avait libéré Cioran. C'est le contexte, social et temporel, qui
explique ces réactions inattendues, plus fréquentes qu'on
ne le croit. De même que le petit Michel avait éprouvé son
internement à Drancy comme une fête sociale, à cause de
son isolement antérieur, Albert utilisait psychologiquement
les agressions pour se libérer car, sans elles, il se serait
senti en dette envers cette famille d'accueil et aurait travaillé pour eux jusqu'à se dépersonnaliser.

Ce type de raisonnement contextuel éclaire le mystère de
l'inégalité des traumatismes. Nous pouvons établir une
sorte de barème des traumatismes, qui existe bien sûr, mais
d'une manière globale. Quand on essaie d'évaluer, dans une
population, les échelles de stress au cours des épreuves de
la vie, on obtient un classement [4] où la mort du conjoint
vaut cent doses de stress, le maximum. Le divorce, même
souhaité, vaut à peu près autant de doses que l'emprisonnement ou... le mariage. La retraite est bien placée également
dans les échelles de stress. Elle est plus agressive que les
dettes ou les pertes d'emploi. Tout en bas de l'échelle, on
évalue tout de même à dix points l'agression provoquée par
les vacances, les fêtes de Noël et les contraventions. Mais
l'échelle ne dit pas que le pire stress, c'est l'absence de

stress, car le manque de vie avant la mort provoque un sentiment désespérant de vide avant le vide.

Pour comprendre la résilience, le ressort intime face aux
coups de l'existence, il faut s'intéresser à ceux qui ne
confirment pas ce barème. Parfois, le fait de surmonter
l'épreuve témoigne d'une aptitude émotionnelle inavouable : « Quand j'ai compris que ma mère allait mourir,
mes angoisses ont disparu », me disait ce jeune homme qui,
auparavant, avait été terrorisé par la présence écrasante de
cette femme éclatante. Parfois l'horreur, par contraste, met
en valeur la tendresse. Certains adolescents, engourdis par
un excès de protection, découvrent cette érotisation parti-
culière. « Quand vous me dites que c'est sans doute trop
dur pour moi d'avoir été depuis 1968 au milieu des événements les plus horribles du monde, soyez rassurée, ce que
j'ai perdu en illusions, je l'ai gagné en tendresse », écrivait à
sa femme Michel Laurent, ce photographe au retour du
Viêt-nam [5].

Quand le réel est terrifiant, la rêverie donne un espoir fou
qui permet de le supporter :

> Rentrer du camp rentrer dans le rang
> Que la vie sera belle quand elle sera libre
> Il n'y aura qu'à vivre
> Quoi de plus simple [...]
> [...] à celui qui sait souffrir
> à celui qui sait mourir [...]
> De quoi vous plaignez-vous
> la vie c'est la vie
> de quoi rêviez-vous dans votre là-bas [6] ?

> (Charlotte Delbo)

La poésie est désuète pour ceux qui sont gavés, mais
quand le réel est insupportable, elle prend la valeur d'une
arme de survie.

Quand Sidney Stewart, jeune combattant de la guerre du
Pacifique, est fait prisonnier par les Japonais « dans l'enfer
de la jungle des Philippines [7] », il s'étonne de voir tomber
d'abord les footballeurs américains les plus musclés. Super-

man ne peut vivre que dans une atmosphère ouatée. Pour s'entraîner, il doit bien dormir, bien manger, prendre ses vitamines et ne penser qu'à ça. Dans un contexte où la violence inouïe de la pluie, de la chaleur, des animaux et des hommes participent à un concours de cruauté, c'est celui qui parvient à se réfugier dans son monde intérieur qui résiste le mieux. Les poètes alors deviennent des surhommes. Ils se calent, bien à l'abri dans un monde immatériel où ils rencontrent des artistes, des philosophes, des mystiques et tous ceux qui parviennent à habiter la transcendance. Ils se délectent de l'étonnement de survivre et sont avides de « pourquoi ». C'est ainsi qu'ils échappent à la cruauté du lieu. Il leur arrive même d'éprouver de grandes sensations de beauté provoquées par leurs représentations intimes, alors qu'autour d'eux le réel est atroce.

Les catégories sont nécessaires : classer, délimiter, séparer peut aider la pensée en dessinant les objets qu'on imprègne de qualités. On voit mieux le monde en l'ayant ainsi pensé. Les catégories sont abusives aussi. Les objets purs n'existent que dans les idées. C'est nous qui catégorisons le monde. Dans le réel, tout est mêlé : au moment du plus grand désespoir, quand la mort est imminente, Rass, le jeune Américain du *Watonga*, découvre avec étonnement les délices de la prière, et éprouve la somptuosité de vivre : « Quand je vois mourir ces gars-là, je me dis : " Eh bien ! la vie est un luxe [8]. " »

La proximité des sentiments opposés est souvent constatée dans les situations extrêmes. C'est au moment du risque de sa perte que nous découvrons avec délice notre attachement à l'objet qui, avivé par cette découverte, nous permet de serrer contre nous, avec amour, la personne qui, une heure auparavant, nous laissait indifférents. Les survivants racontent l'étonnant sentiment de vivre en sursis. Ce rabiot de vie éveille en eux une sorte de gaieté facétieuse. Le banal disparaît quand on a côtoyé la mort. C'est parce qu'ils désirent éprouver un tel sentiment que les joueurs tentent le coup improbable, celui qu'ils ont toutes les chances de perdre. S'ils gagnent, ils dilapident l'argent inattendu. Mais quand par bonheur ils perdent, le moindre événement prend alors un goût délicieux.

Finalement, le barème des traumatismes donne une vague approximation. On peut sans peine admettre que la perte du conjoint nous choque un peu plus qu'une contravention, mais ayant dit cela, on n'a pas dit grand-chose, surtout quand on a l'occasion de côtoyer des victimes aux rebonds surprenants.

Plutôt que poser le problème en termes de cause unique qui provoque un effet évaluable, la notion de résilience cherche à comprendre de quelle manière un coup peut être encaissé, peut provoquer des effets variables et même un rebond. Dire qu'une défaillance sexuelle provoque quarante doses de stress (pour un maximum de cent) est une vérité populationnelle qui n'est pas toujours une vérité individuelle. Je connais un jeune homme qui, après une seule défaillance, en a conçu une telle angoisse que toute sa vie en a été bouleversée. Mais je connais aussi une jeune femme, pourtant très intéressée par la chose, qui, après un échec pénible, s'est sentie étonnamment libérée. Pour le garçon, l'échec signifiait : « Je n'aurai jamais de famille, moi qui en ai tant besoin », alors que ce moment pénible pour la fille signifiait : « Cet homme est fait pour moi. Si nous faisons un couple, je vais tant l'aimer que je risque fort de mener sa vie, et de me dépersonnaliser comme je l'ai déjà fait. L'angoisse de l'aimer empêche mon plaisir et m'ampute d'une part de ma personnalité. Cet échec m'a rendu ma liberté. Voilà pourquoi je ne peux jouir qu'avec des hommes que je n'aime pas. » Si, à l'échelle de stress, on additionne le stress du garçon évalué à soixante doses, avec celui de la fille voisin de vingt doses, on obtiendra le chiffre statistique qui dit qu'un échec sexuel, dans une population, donne une valeur de quarante doses de stress, alors que chaque individu a éprouvé une émotion opposée.

Il vaut mieux dire que la résilience est un processus diachronique et synchronique : les forces biologiques développementales s'articulent avec le contexte social, pour créer une représentation de soi qui permet l'historisation du sujet.

On peut dire plus simplement que la résilience est un tricot qui noue une laine développementale avec une laine affective et sociale. C'est pourquoi il vaut mieux décrire un itinéraire de personnalité résiliente, et chercher à comprendre comment elle se faufile à travers les coups du sort pour se tricoter quand même avec des appuis solides.

La résilience n'est pas une substance, c'est un maillage. Nous sommes tous contraints de nous tricoter avec nos rencontres dans nos milieux affectifs et sociaux. Et, dans l'après-coup de notre vie quand, depuis le paradis, nous contemplerons notre vie, nous dirons : « Quelle histoire ! J'ai fait un sacré bout de chemin ! Mon itinéraire n'a pas toujours été facile. »

Itinérance n'est pas errance. Même quand on sait d'où l'on vient, la génétique peut être imaginaire. Et quand on ignore son passé, on peut l'inventer à loisir.

Mais « itinérance n'est pas errance [9] ». Nous ne sommes pas obligatoirement ballottés par les coups du sort. Quand nous avons un cap, nous ne sommes que bousculés. Quelles que soient nos origines, quelle que soit notre couleur, que nous ayons une famille ou n'en ayons pas, nous sommes contraints à l'itinérance, à un destin en forme d'épingle à nourrice. Dans la branche montante, dans notre petite enfance, nous nous identifions à ceux dont nous sommes issus, que nous les connaissions ou que nous les imaginions. La boucle de l'épingle se fait à l'adolescence quand nous devons tous interdire l'inceste afin de participer à une culture humaine. Nous devons alors quitter ceux que nous aimons afin d'aller courtiser ceux que nous aimerons autrement. Cette plaque tournante de l'épingle à nourrice nous oriente vers la famille d'alliance que nous allons tenter de réaliser selon nos rêves.

La filiation constitue la partie solide du socle de notre identité. L'interdit de l'inceste serait la boucle de l'épingle. Et la partie piquante qui s'enfonce dans la culture représenterait notre famille d'alliance. La plaque tournante de l'interdit de l'inceste nous oblige à quitter l'ordre donné par notre filiation pour tenter un nouvel ordre inventé par nos alliances. Ainsi, la culture évite le danger de l'ordre qui pétrifie, autant que celui du désordre qui pulvérise.

Ceux qui souffrent d'un abus de mémoire se soumettent avec délice aux affres du passé : « Dans ma famille, monsieur, on verse notre sang pour la nation française », me disait ce petit monsieur rose et gras qui éprouvait bien du plaisir à imaginer qu'un tel passé tragique eût pu mener à le constituer : lui !

Un autre me disait pour se présenter : « J'ai un ancêtre qui s'est opposé au pape Jules II. » Je pensais en le regardant qu'une étude génétique risquerait de le décevoir puisque, depuis le XVIe siècle, les statuts du mariage ont très souvent changé. Quant aux facteurs de la fécondation, ils sont tellement mystérieux que toute filiation de ce genre ne peut constituer qu'une biologie imaginaire.

Et pourtant, le non-vrai peut opérer quand même et façonner le sentiment de soi. Une identification supraindividuelle aux soldats de Louis XIV ou à celui qui a tenu tête à Jules II fait germer dans le monde intime de ces descendants d'hommes glorieux, une impression de gloire, une sorte de cascade sentimentale qui dégringolerait à travers les générations. La génétique imaginaire remplit d'aise ceux qui y croient. Elle organise un code comportemental et un mode d'expression des émotions qui répondent à cette image : le descendant d'un homme qui a tenu tête à Jules II se comporte de manière vigoureuse. Il affirme ses opinions et est condescendant. D'autant que la génétique imaginaire est alimentée par des récits familiaux et sociaux, par quelques héritages et deux ou trois mythes racontés à chaque génération.

Il arrive que la génétique imaginaire compose un récit qui devient une contrainte sociale : « Dans ma famille, on est commerçant de père en fils, on ne perd pas son temps à faire des études. » On entend aussi : « Dans notre famille, on se suicide vers la trentaine », et cette simple prophétie mythique crée un sentiment angoissé d'avenir.

Les orphelins ont, dans leur mémoire, des parents toujours jeunes. Contraints à l'indépendance, forçats de la liberté, ils trouvent toujours des trésors dérisoires qui enchantent leur réel désolé.

Les enfants privés de filiation, les enfants sans famille, n'ont pas le bénéfice de cette identification facile. Ils y gagnent la liberté d'inventer leur avenir autant que leur passé : « [...] un père m'eût lesté de quelques obstructions durables ; faisant de ses honneurs mes principes, de son ignorance mon savoir, de ses rancœurs mon orgueil, de ses manies ma loi, il m'eût habité [...] Mon géniteur eût décidé de mon avenir... Les champs et la maison renvoient au jeune héritier une image stable de lui-même [...] Je n'étais maître de personne et rien ne m'appartenait [10]... »

Le fait que Jean-Paul Sartre ne soit pas le « continuateur de l'œuvre paternelle » lui donne la liberté en le privant d'une âme. Au sens marin du terme, l'âme est le fil rouge qui, dans la marine anglaise, assurait la continuité des torsades d'un cordage. Dans ce cas, ne pas avoir d'âme signifie être contraint à l'indépendance, forçat de la liberté.

Seuls les morts ne meurent jamais. Quand un enfant accède à la représentation de la mort, il comprend que le destin de ses parents les mène au point final. Il apprend à aimer des parents qui vieillissent et s'affaiblissent. Il apprend à tolérer que ses proches se trompent et soient parfois injustes. Ce n'est jamais le cas d'un orphelin dont les parents sont toujours jeunes, dans sa mémoire. Un indice, une photo, le récit d'un « j'ai bien connu ton père, il était grand et très gai » font vivre dans son monde intime l'image d'un homme actif et gai et d'une mère toujours belle et facile à aimer. Si bien qu'on aboutit à un effet paradoxal : un enfant de famille s'imprègne de l'affection de parents imparfaits, alors que le « sans famille » éprouve un choix catégorique entre le vide parental qui le contraint à la liberté et le substitut affectif qui l'étaye et le cadre. Son existence oscille entre l'errance qui donne la liberté grisante et angoissante et la recherche du soutien qui renforce et emprisonne.

Quand Géraldine a perdu ses parents, elle n'a pas trouvé autour d'elle le soutien qui lui aurait permis de faire un travail du deuil [11]. Sans parents et sans soutien, elle n'avait pas d'autre option que renoncer à toute forme d'amour. En échange, totalement libre et dépourvue de lien, elle pouvait décider uniquement en fonction de ce qui lui venait en tête. Tous ceux qui ont eu l'occasion de s'occuper d'enfants des rues ou d'orphelins précoces témoignent de l'impression de maturité que dégagent ces enfants contraints à s'occuper d'eux-mêmes comme le ferait un adulte. Mais il ne s'agit que d'une impression : un enfant de famille attend qu'on lui offre un cadre, puis il s'oppose à ceux qui le gouvernent. En s'imprégnant de l'âme d'un autre, il s'inscrit dans sa culture et dans sa filiation. Alors qu'un sans famille s'est clivé afin de s'adapter à la menace du monde extérieur. La partie socialisable de sa personnalité affronte un réel désolé. Rien. Pas de foyer. L'enfant des rues dort où il peut, sur une grille de métro, dans une porte cochère ou entassé contre les autres pour se tenir au chaud. Le sans famille change d'institution, dort parfois dans un lit chez une famille d'accueil qu'il ne connaît pas, parfois sur une botte de paille, dans la grange, comme ça se faisait pour les gosses de l'Assistance dans les années d'après-guerre. Mais la partie cryptique de son monde intérieur n'est pas remplie que de douleur. Car chaque soir il fréquente dans son imaginaire des parents qui ne meurent jamais.

Dans le réel, l'enfant vieillit trop vite, mais ses parents au fond de lui-même demeurent jeunes, beaux, gais et chaleureux. Chaque soir, ils lui donnent des consignes de bonheur. Dans un monde réel où l'errance est désespérée, l'enfant perçoit des indices poétiques que lui seul peut comprendre. Georges Perec nous confie : « De mon père, je n'ai d'autre souvenir que celui de cette clé ou pièce qu'il m'aurait donnée un soir en revenant du travail [12]. » Vous, qui avez une famille, vous ne voyez là qu'une clé banale. Mais moi qui n'ai plus de parents, je sais qu'il y a quelque chose de magique dans cette clé. Je ne sais pas quoi exactement. D'ailleurs, c'est peut-être une clé ou une pièce, je ne me souviens pas très bien. Mais elle vient de mon père. Alors, elle contient forcément quelque chose de précieux qui donne force, qui donne espoir.

Tous les enfants sans famille possèdent ce genre de trésors dérisoires. Dans des institutions parfois sinistres, ils cachent leurs merveilles sous le matelas, près de la tête, pour en être plus près. Ne croyez pourtant pas qu'il s'agisse simplement d'un bout de ficelle ou d'un morceau de journal déchiré : c'est un talisman : « Ce bout de ficelle représente la force et l'amour parce qu'il a touché le cercueil de ma mère fusillée dans le ventre... Ce sale petit bout de journal est précieux parce que je crois qu'on y parle de la mort de mon père, soldat courageux, tué au combat. Je ne sais pas lire, mais quelque chose me dit qu'une force magique, invisible pour un adulte, dit du bien de mon père dans ce papier jauni. »

Du point de vue d'un adulte, ces enfants mûris trop vite errent dans un monde désolé, sans foyer, sans lit, sans nourriture, sans école. Mais en regardant trop le réel, les adultes ignorent le pouvoir merveilleux d'un bout de ficelle ou d'un morceau de journal déchiré. Alors, au nom de l'hygiène et des règlements, ils jettent ces trésors dérisoires et fracassent les cryptes, le souterrain enchanté dans lequel les enfants blessés se réfugient en plein cœur de l'errance pour retrouver leurs parents perdus. C'est pourquoi la destruction de ces petits trésors, de cette crypte imaginaire, provoque toujours une fugue réelle qui aggrave l'errance.

Si vraiment nous voulons soutenir ces enfants blessés, il faut les rendre actifs et non pas les gaver. Ce n'est pas en donnant plus qu'on pourra les aider mais, bien au contraire, en leur demandant plus qu'on les renforcera.

L'exil aussi est un orphelinat. L'arrachement peut cicatriser quand la culture d'accueil soutient les blessés. Pour leurs enfants, l'école et le travail deviennent les lieux de bonheur qui réparent la blessure des parents.

L'expérience de l'exil nous permet de comprendre à quel point l'exigence est un facteur de protection. Pratiquement toutes les enquêtes prouvent que tout migrant devient anxieux. Ses racines sont coupées. Il respire une atmosphère langagière qu'il ne comprend pas. À la moindre rencontre, il est désemparé car il ne comprend ni les mots ni les gestes qui lui permettraient de se situer. Et surtout, il est séparé de ses proches. Presque tous ses liens sont déchirés. Or, plus un migrant est seul, plus il est anxieux, ce qui se traduit par un chiffre plus élevé de consommation médicale et de passages à l'acte illégaux [13]. Sous l'effet d'une agression sociale, un enfant se clive pour supporter celle-ci, alors que l'identité personnelle d'un migrant se morcelle quand le corps social qui l'enveloppe devient lui-même incohérent, quand les liens se diluent et quand les événements perdent sens et ne veulent plus rien dire.

L'euphorie des premiers mois s'explique probablement par un phénomène analogue à celui du petit Michel, fou de bonheur lors de son internement à Drancy parce qu'il avait été auparavant torturé par un très grave isolement social. Si ces gens quittent leur pays d'origine, c'est qu'ils y sont malheureux et que le rêve du pays d'accueil leur donne un espoir fou.

La moindre rencontre, le moindre événement, même incompréhensible pour eux, devient la preuve qu'ils commencent à vivre ce rêve, dans le réel. Mais la descente est dure et l'atterrissage pénible après les quelques mois de lune de miel. C'est alors que se manifestent les premiers troubles anxieux et les premiers actes désespérés. Trois composantes pèsent fortement sur l'adaptation de ces migrants : l'accueil, le sens et le sexe. Quand un migrant change de culture en emportant avec lui un morceau de son monde d'origine, il est beaucoup moins désorienté puisqu'il garde autour de lui quelques repères de son passé, qui lui permettent d'apprendre plus rapidement les repères de sa culture d'accueil.

Les *boat-people* vietnamiens, orientés vers le sud de la France, ont été accueillis par des équivalents familiaux qui parlaient leur langue et conservaient quelques coutumes. Une structure d'accueil a aussitôt été organisée pour les aider financièrement, les loger, leur apprendre la langue et leur trouver du travail. Quelques années plus tard, leurs enfants vont à l'école, pêchent la girelle et parlent avec l'accent marseillais. Une autre partie de cette même population, terriblement agressée au Viêt-nam, a été orientée vers l'Angleterre où aucune structure d'accueil ne les attendait. Ce petit groupe a produit énormément de consommation médicale et de délinquance. Une petite cohorte d'enfants réfugiés, placés en foyer, a donné un très fort pourcentage de troubles psychiatriques [14] qui ont disparu dès qu'ils ont été adoptés.

Deux stratégies sociales extrêmes semblent toxiques pour ces populations : l'isolement et l'assimilation : « La colonie de réfugiés éthiopiens de Winnipeg, ville relativement isolée au milieu des prairies canadiennes, ne se chiffre qu'à près de deux cents individus [15]. » Cette colonie a beaucoup souffert de son isolement qui réalisait pour ce groupe ce que l'isolement sensoriel constitue pour l'individu : l'impossibilité de sortir de soi et de s'étayer sur l'environnement. Les réfugiés haïtiens aux États-Unis, isolés malgré eux, et les communautés juives hassidiques, repliées sur elles-mêmes, illustrent la difficulté que constitue le fait de se couper des autres mondes culturels. Les hommes ne se marient que si on les y pousse. Ils se socialisent mal et souffrent de troubles psychiatriques.

L'assimilation semble aussi toxique, puisqu'elle passe ce contrat avec les migrants : devenez comme nous-mêmes, renoncez à votre mémoire, alors seulement nous vous accueillerons. Or, les amnésiques ne peuvent pas donner sens à ce qu'ils perçoivent. Un tel contrat, en privant les migrants de leur identité passée, les soumet au contexte. Ils deviennent des ombres, des assistés sociaux et leur amputation d'histoire crée un analogue collectif de refoulement. On assiste parfois à une explosion comportementale, violente et surprenante chez un groupe social que l'on croyait assimilé. Car on oublie trop souvent que le refoulement est moins morbide que le retour du refoulé [16]. Un groupe paraît assimilé parce qu'il scotomise une part du réel, s'empêche de voir certains problèmes et de les élaborer en les affrontant verbalement et socialement. C'est à ce prix qu'il s'assimile. La culture d'accueil devra payer très cher pour accepter ces humains amputés d'une partie de leur identité jusqu'au jour où un événement minuscule bloque la soupape et fait exploser le problème, à la grande surprise de tous.

Le biculturalisme n'est pas la solution la plus facile puisqu'il exige l'apprentissage de deux mondes mentaux. Il semble pourtant plus humain et plus riche [17]. Le stress d'acculturation s'estompe quand on est entouré. Cette sécurisation sert de camp de base pour explorer et apprendre la culture d'accueil. Les Mexicains bilingues du sud des États-Unis manifestent presque trois fois moins de problèmes médicaux que ceux qui ne parlent pas l'anglais. Les Coréens canadiens les plus marginalisés et les plus stressés sont ceux qui ne parlent qu'une seule langue. Quand les parents ne parlent que le langage de leurs origines et que les enfants n'apprennent que celui du pays d'accueil, ce déchirement linguistique entraîne un clivage familial où chaque génération ne comprend pas l'autre, ce qui est très injuste car les parents, presque toujours, ne veulent pas apprendre la langue de leurs origines aux enfants afin qu'ils s'assimilent plus rapidement.

Enfin, le sexe joue un rôle important dans ce traumatisme de l'exil. Les femmes émigrent moins mais lorsqu'elles sont seules, elles souffrent plus. Quand les hommes participent à un métier où ils doivent parler, ils s'intègrent plus vite que les femmes qui restent à la maison. Elles forment souvent des groupes qui entretiennent la nostalgie du pays perdu. Cependant, quand les hommes participent à des métiers où il est peu nécessaire de parler, ce sont les femmes qui s'intègrent mieux en prenant en charge la vie domestique.

Mais cet arrachement aux origines, ce déchirement culturel douloureux, n'est pas toujours néfaste. Pour les enfants d'immigrés, l'école peut devenir le lieu du combat pour l'intégration. La réussite scolaire de l'enfant répare les parents immigrés, alors que pour les enfants d'autochtones chez qui elle n'a pas ce sens, la classe devient trop souvent le lieu de l'ennui. Les enfants d'Arméniens devaient devenir les meilleurs, en français, afin de réconforter leurs parents.

Et dans les familles juives chassées d'Europe centrale, une phrase revenait comme un refrain orgueilleux : « Mon fils est devenu le bras droit du patron », redonnant ainsi leur fierté aux parents. Pour toutes ces raisons, il est fréquent que les nouveaux arrivants atteignent rapidement des taux de santé mentale similaire ou meilleure que ceux de la population locale. Quand les derniers arrivés sont soutenus, ils parviennent à surmonter leurs épreuves au point que leurs enfants ont parfois une réussite scolaire supérieure à celle des premiers arrivés. Quant à la délinquance, elle varie énormément d'un groupe à l'autre et dépend essentiellement des possibilités d'intégration [18].

Le survivant est un héros coupable d'avoir tué la mort.

C'est dans l'alentour de l'enfant qu'il convient de chercher la plus grande partie des facteurs de sa résilience. Bien sûr, si son équipement génétique contient une maladie, l'enfant aura plus de probabilités de devenir vulnérable. Mais très tôt au cours de son développement, une deuxième partie de son aptitude à tenir le coup est imprégnée en lui par son alentour affectif. En fait, la plus grande partie des facteurs de résistance d'un individu est tissée autour de lui par les organisations psychosociales qui, en lui tendant des perches, lui offrent des circuits d'épanouissement possibles. Même sa vie psychique, son monde intime, est le résultat de cette triple pression. Ce mode de raisonnement sera illustré par le fait de survivre, quand un enfant qui a côtoyé la mort en triomphe.

D'habitude, un enfant n'est pas un survivant, c'est un vivant qui remplit son monde psychique par le simple fait de s'épanouir et d'apprendre à vivre. Un nouveau-né qui a failli mourir de toxicose et qui a survécu grâce à la réhydratation n'est un survivant que dans l'esprit des adultes puisqu'un bébé n'a pas conscience d'avoir frôlé la mort. En revanche après l'âge de six ans, quand son développement lui permet de se représenter la mort, il comprend qu'il a failli succomber. Dès lors, cette représentation imprime en lui un psychisme de survivant.

Cette situation n'est pas rare. Elle permet de comprendre comment un événement réel dans le monde extérieur (guerre ou famine) inscrit dans le monde intérieur de l'enfant une trace émotionnelle qui prend sens, sous le regard des autres, et façonne un intime sentiment de soi : « Je suis celui qui en a réchappé. »

Il se produit un va-et-vient entre ce qui se passe dans le monde intime de l'enfant, dès qu'il comprend qu'il a frôlé la mort, et ce qui se passe autour de lui quand le discours social, disant « c'est un héros » imprègne dans son monde psychique le sentiment d'être hors du commun.

Quand on est enfant, ce qui nous émerveille, ce n'est pas de vivre, encore moins de survivre. Ce qui nous fascine et enchante notre monde intérieur, c'est la merveille du monde extérieur. Un envol de bulles de savon, une branche de rosier d'où tombent des pétales constituent des événements réels, hors de soi et pourtant enthousiasmants.

La notion de survie implique que l'enfant pense qu'il a failli perdre ce monde et ne plus y être. Une telle représentation de soi nécessite une personnalisation élaborée, une vie psychique capable de se représenter le vide, l'infini, l'absolu. Comme si l'enfant pensait : « Une force impérieuse a failli m'enlever à cette merveille. Mais puisque j'ai échappé à cette toute-puissance qui plus tard prendra le nom de "la mort", c'est la preuve que je l'ai dominée. » C'est comme s'il y avait eu un combat et que l'on eût soi-même tué le mort. « L'instant de survivre est instant de puissance [19]. » Ce sentiment, régulièrement éprouvé par les survivants, est parfaitement ambivalent. « J'ai tué le mort », dit Elias Canetti, je suis donc coupable, mais j'ai aussi tué la mort, puisque je survis. Être simplement là me fournit la preuve que, dans mon for intime, je suis plus fort qu'elle. Nos mots découpent des sentiments purs. Mais au fond de nous-mêmes, ils sont toujours mêlés. Chez les survivants, la culpabilité est imbibée de mégalomanie. « [...] toute douleur est petite mesurée à ce triomphe [20]... » Quand on a éprouvé l'instant enthousiasmant d'avoir tué le mort, les misères du quotidien paraissent dérisoires. Alors, beaucoup de survivants manifestent un courage morbide :

« Cette souffrance n'est rien pour un vainqueur terrifié, comme moi. Quand on a eu la chance d'être plus fort que la mort, on ne va tout de même pas se laisser dominer par une adversité minable. Je n'ai rien à manger ce soir, le givre couvre les murs de ma chambre, je tremble de froid dans mon lit, je dois me lever à quatre heures du matin pour aller laver les carreaux avant de filer au lycée. Et alors ? je suis vieux de quinze ans déjà, et j'ai connu bien pire. » Il ne s'agit pas d'érotiser la souffrance ; la douleur est là, pénible et incessante, mais au lieu de déclencher un gémissement, elle provoque un défi. Toute mise à l'épreuve intime prend un effet ordalique : si je triomphe encore, si le jugement de Dieu m'accorde la victoire, si je surmonte l'épreuve des éléments naturels, de l'eau et du feu, si je domine la faim, le froid et l'hostilité sociale, je me fournirai la preuve que j'ai le droit de vivre malgré ma culpabilité. Mais ce combat se déroule sur le fil du rasoir. Si par malheur j'échoue, je confirmerai qu'on avait bien raison de vouloir me tuer.

Ce monde intime de sentiments mêlés explique le paradoxe des survivants quand on les observe de l'extérieur. Une victoire, même très coûteuse, développe au fond d'eux-mêmes une étrange sérénité. Les témoins parlent d'« équilibre étonnant après tout ce qu'il a vécu ». Et ceux qui pensent que les hommes sont hiérarchisés expliquent le grand calme du survivant par « une qualité supérieure ». Un tel raisonnement serait un non-sens total, parce que si le survivant avait échoué, il aurait révélé son énorme vulnérabilité. Il croit à la victoire, même dans les situations les plus désespérées, puisque auparavant il a déjà eu l'occasion de triompher de la mort. Mais en cas d'échec, il donne raison à ses tueurs et laisse émerger une culpabilité mélancolique. Contraint à la victoire pour ressentir la paix, tout échec réveille en lui un sentiment de néant et de mort méritée.

En cas d'échec, celui qui n'est pas survivant est déçu. Et puis, après un certain temps, il investit ailleurs. Il cicatrise et construit un autre projet. Il trouve même des raisons pour supporter l'échec. « Finalement cette femme ne me convenait pas. Heureusement qu'elle m'a quitté. » Alors que l'échec d'un survivant devient pour lui la preuve qu'il méritait la mort : « Ma vie est une usurpation. Je méritais de mourir bien plus que mes parents tués à mes côtés. C'est eux qui auraient dû vivre, et pas moi. » Tout échec devient une défaite qui libère la culpabilité enfouie : « Mes parents m'avaient interdit de parler aux soldats du Sentier lumineux. Un jour, j'avais cinq ans, mon ballon a roulé vers eux et ils ont joué au foot avec moi. Peu de temps après, mes parents ont été fusillés. Jusqu'à l'âge de vingt ans j'ai pensé que, sans m'en rendre compte, en jouant avec les soldats, j'avais dû leur révéler que mes parents les haïssaient. En désobéissant, je les ai condamnés à mort. »

Les survivants se sentent coupables, ce qui explique leurs fréquents comportements d'expiation. Vu de l'extérieur, on parle de « générosité » ou d'« austérité ». En fait, l'oblation qui consiste à donner à nos propres dépens est une bonne affaire puisqu'elle permet de se déculpabiliser. En se dépouillant pour les autres, on se sent moins criminel, on a moins tué nos parents et on devient alors celui par qui le bonheur arrive. Ce comportement qui nous ruine change le sentiment de soi et transforme un coupable en généreux donateur.

Bettelheim a bien connu la culpabilité des survivants, mais il en a fait un malheur simple alors qu'il s'agit d'un malheur composé. Il faut y ajouter la fierté de celui qui a été plus fort que la mort, la contrainte à réussir sur le fil du rasoir et l'étonnante sérénité provoquée par le don de soi. Bettelheim ne pouvait pas éprouver ce sentiment de malheur composé parce qu'il était constamment dépressif, bien avant sa déportation [21].

Toute sa vie il n'a éprouvé que de la tristesse, ce qui ne l'a pas empêché de devenir résilient. Ce concept désigne ce qui fait rebondir face aux coups du sort et non pas une aptitude au bonheur.

L'amour de la mort peut même être un moyen de se défendre contre l'angoisse de la mort. Les mélancoliques ne pratiquent que ça, eux qui ne se sentent apaisés que par la mise en scène de la mort. « Je ne me sens bien qu'aux enterrements, quand tout le monde pleure. Là, je ne suis plus monstrueuse avec mon désespoir de vivre. Je suis comme tout le monde. Ça provoque en moi un tel sentiment de douceur que je parviens par mon simple contact à apaiser la douleur des familles. » Il est classique aussi d'entendre des mélancoliques expliquer que leur douleur de vivre ne s'apaise que lorsqu'ils préparent leur suicide. « Dès que je dispose les boîtes de médicaments, dès que j'ai fini d'écrire mon testament, l'angoisse disparaît parce que je sais qu'au moins il y a une solution. Alors qu'avant de faire cette mise en scène, je croyais que ma torture anxieuse serait infinie. »

C'est pourquoi les témoins qui se fient trop à l'apparence sont charmés par la vertu apaisante de cette dame lors des enterrements et par l'équilibre serein de cet homme qui vient d'organiser son suicide.

L'image est un leurre qui gouverne les émotions de ceux qui nous observent. Nous nous mirons dans le regard des autres et, quand nous donnons de nous une image sereine, ils y répondent et nous éprouvons leurs réponses. Ce jeu de dupes circulaires finit par créer une relation réelle qui peut durer toute une vie, sur le fil du rasoir.

C'est pourquoi il y a des associations de victimes mais pas d'associations de survivants. Au Moyen Âge, les victimes étaient condamnées en même temps que leurs agresseurs, puisqu'elles en étaient proches, alors qu'aujourd'hui, notre oblation culturelle nous pousse à voler à leur secours. Actuellement, on se méfie plutôt des survivants. Pour qui se prennent-ils ? Pour des immortels ? Croient-ils s'élever au-dessus des hommes ?

Alors, les survivants ont honte de leur fierté. « Quand j'ai vu que mes amis avaient tous été tués et que j'étais le seul survivant, j'ai éprouvé une intense jubilation. J'avais échappé à la mort. Pourquoi moi ? Dès que les secours sont arrivés, j'ai eu honte de ce bonheur et je les ai aidés de toutes mes forces. On m'a trouvé très courageux. » La culpabilité de survivre associée au sentiment de puissance provoque une attitude de secret : « Si les autres savaient, ils me jugeraient mal. »

Quand la honte d'être heureux provoque des contresens,
les enfants résilients volent au secours des faibles.

Lorsqu'un enfant se développe dans un milieu stable, il acquiert des réponses stables qui le caractérisent. Mais quand une rencontre extrême avec la mort l'arrache à la condition humaine, il éprouve un sentiment mêlé, comme s'il disait dans une même phrase : « Je suis coupable et je suis innocent. Je suis élu et j'ai honte d'être fier. » Pas facile à dire quand la culpabilité torture : « Mes parents ont été fusillés parce que je leur ai désobéi. » Alors, le rescapé devient obséquieux et obéit trop bien. Mais chaque soir il se révolte et, devant un tribunal imaginaire qu'il invente avant de s'endormir, il se bat comme un beau diable pour se défendre et se justifier. Le lendemain, quand il trouve dans la cour de l'école un faible à aider, il vole à son secours. Quand la société prévoit des institutions pour s'occuper d'eux, il trouvera probablement un circuit pour exprimer les arguments qu'il a imaginés la veille, mais quand elle se fie aux images, les contresens ne sont pas loin.

Quand Huong a vu arriver Thanh dans l'institution où on l'avait placé après sa blessure, il a tout de suite été attiré par ce nouvel arrivant qui avait une jambe de bois. Huong aurait préféré un compagnon de jeux plus vif et entreprenant mais il ne pouvait abandonner le petit Thanh à sa solitude sans se sentir gêné. Alors, il a joué doucement avec lui. Thanh, ravi qu'on le regarde enfin comme un enfant normal, entreprit une petite bagarre amicale avec Huong qui n'osa pas la refuser. Thanh était si faible que Huong n'eut pas de mal à doucement lui plier le buste, puis, très délicatement, lui faire un croc-en-jambe, sur sa jambe de bois si l'on peut dire, et l'accompagner en le freinant dans sa chute pour le déposer par terre.

C'est alors que les infirmiers ont surgi, ont battu Huong au nom de la vertu et lui ont fait la morale. Ils l'ont humilié devant tout le monde au cours du rassemblement avant d'entrer dans le réfectoire, en racontant aux autres à quel point Huong profitait de sa force pour écraser un faible.

Réfugié dans son monde intérieur, pendant tout le ser-
mon, comme il l'avait fait tout au long de la guerre, Huong
était serein malgré l'humiliation. Il savait qu'ayant triomphé plusieurs fois de la mort, il était élu, au-dessus de la
condition humaine, au-dessus de ces infirmiers qui, décidé-
ment, n'étaient que des hommes et ne comprenaient rien.

Ce fantasme de tribunal intérieur où l'on est agressé mais
où l'on peut enfin se justifier réconforte les survivants car il
leur permet de mettre au point une plaidoirie où ils
regagnent le droit de vivre : « Je suis jugé par les infirmiers.
Mais c'est moi le surhomme. C'est moi qui ai raison. » Dans
les situations extrêmes, le réel s'empresse de mettre en
scène les fantasmes.

En fait, ce tribunal désiré offre un lieu de réhabilitation.
« Ils ne sont pas coupables. Des forces de plomb, obscures,
les poussaient, des millions de tonnes pesaient sur eux. Il
n'y a pas d'innocents parmi les vivants. Tous sont coupables, toi le prévenu, toi le procureur, et moi qui pense au
prévenu, au procureur, et au juge. / Mais pourquoi avons-
nous si mal et si honte de notre abjection [22] ? »

« D'accord, dit l'orphelin, j'ai tué puisque je vis. Et pourtant je suis innocent. C'est le réel qui délire. Si vous saviez
comment ça s'est passé. Vous ne pourriez pas me croire. Je
suis élu puisque je suis resté seul, debout au milieu des
gisants. Je suis petit, désolé, coupable, désespéré, élu, gran-
diose, euphorique, honteux. Mais surtout n'ayez pas pitié
de moi. Je suis plus fort que la mort. »

Un enfant stabilisé par un milieu stable ne peut pas tenir
un tel discours, puisque s'imprègne en lui une seule structure qui lui façonne une seule personnalité.

Mais un enfant de l'extrême est façonné comme un oxymoron : sa culpabilité est innocente, sa fierté est honteuse,
son héroïsme est lâche. À l'âge de l'innocence, il est jugé
coupable, il a honte de la fierté de s'en être sorti quand ceux
qu'il aime y sont restés, et son héroïsme est une preuve de
sa lâcheté, parce que s'il avait été vraiment courageux, il
aurait accompagné ses proches dans la mort.

L'entourage joue un grand rôle dans le façonnement de
cet oxymoron. Tout vainqueur est suspect, toute victime est

aimable. Il n'est pas rare qu'une institution qui recueille un enfant exprime son dégoût quand on apprend qu'il est né d'un viol. Les livres sur les camps de la mort sont souvent feuilletés par des lecteurs qui s'en délectent. Il arrive aussi qu'un adulte aime le dégoût qu'il éprouve pour l'enfant de l'Assistance dont il s'occupe gentiment. Dans cette mise en scène où il aide un pauvre enfant, l'adulte se signifie à lui-même qu'il est généreux et supérieur puisqu'il joue le rôle de celui qui est bon avec les malheureux. L'enfant apprend ainsi à être aimé pour son malheur. Et malheur s'il en guérit, l'adulte y perdrait sa raison de l'aimer.

L'admiration pour un enfant vainqueur est elle aussi ambivalente. Un discours trop logique n'est pas psycho-logique. Quand un adulte dit : « J'admire cet enfant, c'est un petit vainqueur », il n'avoue pas qu'il pense : « Je le déteste de si bien réussir à l'école, alors que ma propre fille y échoue... et puis, qu'a-t-il fait pour être vainqueur ? Il a tué à coup sûr, et s'est prostitué certainement. Sinon il serait mort, comme les autres. »

Un exemple typique d'ambivalence envers les enfants résilients nous est fourni par le destin de Roseline. D'abord on a dit : « Elle était belle à dix-sept ans quand elle a été déportée. » Puis on a admiré sa réussite sociale et intellec-tuelle, jusqu'au jour où on a ajouté : « Ça a dû être terrible pour elle. Il paraît qu'elle s'en est sortie parce qu'elle s'est prostituée. » Le scénario classique vient de se dérouler. On aime les victimes tant qu'elles sont misérables parce que, en les aidant, on se sent tellement bon. Mais quand les mar-tyrs se transforment en héros, quand ils accèdent au pou-voir, ils deviennent suspects, car il est contre nature qu'une proie se métamorphose en prédateur.

Et puis, les survivants sont porteurs de mauvaises nou-velles. Ils nous fatiguent avec leur malheur. Raconter son inceste à table, c'est d'un très mauvais goût. Raconter sa déportation, pour nous culpabiliser ? Ou nous faire pleu-rer ? Ou revendiquer une pension supplémentaire ?

Enfin les survivants sont immoraux quand la vie leur sou-rit après la mort de leurs proches. Dans une culture de la mélancolie, la fête est toujours sale [23]. Il y a quelque chose de

honteux à être heureux quand nos parents sont en train de
mourir. Or, c'est ce qui se passe pour les enfants résilients
qui refusent de couler avec ceux qu'ils aiment.

> *La solidarité qu'on admire empêche la résilience*
> *qu'on admire aussi.*
> *Quand la mort d'un être cher libère la créativité,*
> *qui osera l'avouer ?*

Mouloud était vraiment très beau et tellement brillant
dans sa classe de terminale que les professeurs ont
décidé de l'orienter vers les classes préparatoires aux
grandes écoles. Le soir même, le médecin fut appelé pour
d'intenses douleurs gastriques entraînant des pertes de
connaissance. En quelques phrases de réflexion, Mouloud
s'est rendu compte qu'il était tordu d'angoisse à l'idée
d'abandonner sa mère et ses neuf petits frères et sœurs.
Car étudier beaucoup et risquer d'être reçu, c'était quitter
sa mère et la laisser seule, veuve, illettrée, avec des enfants
qu'elle ne saurait jamais élever. Quelques jours plus tard,
les angoisses ont disparu. Mouloud venait de trouver la
solution : il se ferait coller au bac. Le soulagement immédiat lui coûtait l'épanouissement de sa personnalité et la
réussite sociale qu'il aurait pu espérer. On admira beaucoup Mouloud pour son sacrifice et sa générosité. On fit
l'éloge funèbre de sa réussite scolaire. Mais personne n'osa
dire que si Mouloud avait dû poursuivre son épanouissement, il aurait fallu que sa mère meure et qu'on place ses
frères et sœurs dans une institution. Mouloud n'aurait pu
devenir résilient qu'au prix de cette triste solution. C'est ce
qui arrive quand la créativité d'un enfant « décolle » après
la mort de ses parents.
Proust, Freud et Max Weber illustrent tout à fait « le
décollage de la créativité [24] » après la mort du père. Cessant
de s'inscrire dans la lignée du père trop brillant, trop
présent, l'identification prégnante perd soudain sa puissance et le jeune adulte reçoit, grâce au deuil, l'autonomie
mentale qu'il n'avait pas osé conquérir quand son père était
encore vivant.

Joyce et Pascal ont connu la même libération par le deuil. Et j'ai eu l'occasion d'observer plusieurs décollements de créativité après le deuil. À l'âge de dix-sept ans, Robert était terriblement inhibé. Il n'osait pas parler, ni regarder ses parents dans les yeux, ni sortir avec ses copains et encore moins courtiser les filles : « Le jour où j'ai compris que ma mère allait mourir parce que la balle qu'elle s'était tirée dans la tête avait fait trop de dégâts, mes angoisses ont disparu. Je me suis senti étonnamment libre et léger. J'ai beaucoup pleuré sa mort, car je l'aimais beaucoup. Mais je me sentais libre parce que je n'avais plus à réaliser ses désirs. Je pouvais tenter mes propres aventures sans lui faire de la peine. » Pendant les dix années qui ont suivi, Robert a fait de brillantes études de droit, couru le monde en tant que pigiste dans un grand journal, acheté une maison magnifique et pouponné quatre bébés.

Patricia admirait son père, un homme politique important. Quand il est mort, après un infarctus soudain, elle a été désespérée. Mais elle s'étonnait de la sensation de légèreté qu'elle éprouvait depuis. Ses bouffées d'angoisse ne sont plus jamais revenues. C'est elle qui a pris en main le gouvernement de la maison. Elle a repris ses cours de danse et osé changer de métier car l'ancien travail qui la désespérait lui avait été trouvé par son père. Cet emploi l'inscrivait dans la filiation des désirs de son père et, maintenant qu'il était mort, elle pouvait en prendre un autre qui lui convenait mieux. ·

Pas de pitié pour les survivants. Ce ne sont pas des victimes, ce sont des tueurs. Pour leur faire payer le crime de survivre, il faut exiger d'eux qu'ils nous donnent leurs créations.

Dans les milieux de la créativité, il y a bien plus d'orphelins que dans les grandes écoles et dans la population moyenne [25]. Sur trente-cinq écrivains cités dans les livres scolaires de littérature française, dix-sept avaient subi la perte précoce d'un ou deux parents [26]. Depuis les listes d'orphelins précoces devenus écrivains célèbres n'en finissent pas de s'allonger : « Baudelaire, les sœurs Brontë, Byron, Coleridge, Dante, Dostoïevski, Dumas, Poe, Rousseau, Sand, Swift, Tolstoï, Voltaire, et nous pourrions citer de nombreuses autres enquêtes pour allonger cette liste. »

Avec pourtant une ombre à signaler : quand on suit longitudinalement une population d'orphelins, on confirme qu'un grand nombre s'en sort mieux que les enfants du divorce [27], s'oriente plutôt vers les métiers de la création mais fournit aussi une bonne proportion de délinquants.

Cette proximité souvent constatée entre l'absence de structure, la créativité et la délinquance peut s'expliquer maintenant. L'excès de structure d'une famille prégnante ou d'une société trop bien organisée sécurise l'enfant. Mais en le contraignant à se développer selon les directives prescrites par les parents ou les responsables sociaux, elle empêche sa créativité, puisqu'il ne peut apprendre qu'à reproduire les consignes. L'orphelin, que la tragédie familiale a libéré de ces contraintes, peut rencontrer une structure d'accueil qui accepte de l'écouter. Il se trouve alors en situation marginale invité à exprimer son épreuve et à inventer une nouvelle manière de voir le monde. Il se retrouve en situation de créateur et rejoint la troupe des innovateurs scientifiques ou des artistes qui sont forcément marginaux puisqu'ils introduisent dans la culture quelque chose qui n'y était pas avant eux.

Par ailleurs, les études sur les migrants nous ont appris que lorsqu'il n'y a pas de structures affectives et sociales autour d'un jeune, l'intensité de son désir n'est pas canalisée. Or, quand une forte énergie n'est pas utilisée, elle se transforme en violence qui explose à la moindre occasion. Comme pour les migrants, les orphelins, dont la structure familiale ou sociale a été brisée, peuvent devenir créateurs si on leur donne un lieu de parole, autant qu'ils peuvent devenir délinquants quand leur énergie ne trouve aucun lieu d'expression.

Cette petite réflexion que nous proposent les orphelins, les migrants, les délinquants et les innovateurs nous mène à l'idée que la simple survie organique est traitée par le milieu écologique alors que la manière d'y survivre est traitée par un acte collectif [28].

L'hébétude provoquée par un traumatisme terrible laisse souvent moins de traces que des blessures insidieuses. La violence froide d'un mythe peut faire plus de ravages qu'une fièvre de haine.

Pendant la guerre du Mozambique, plusieurs dizaines de milliers d'enfants de six à douze ans ont assisté à des massacres collectifs, ont subi des tortures, y ont parfois participé. Souvent, l'enfant armé monte la garde tandis que ses compagnons décapitent ses parents, démembrent leur corps et empalent la tête [29]. La plupart du temps, ces enfants sont hébétés. Un témoin qui se fierait trop à leur apparence dirait qu'ils sont indifférents. En fait, ils sont engourdis, physiquement inertes et psychiquement stuporeux. La nécessité du déni est tellement vitale pour eux qu'ils doivent ne rien comprendre sous peine d'avoir à tuer.

Quand on les voit sourire, plus tard, on se demande comment ils ont fait pour ne pas mourir sur place. S'ils avaient été seuls, ils seraient sûrement morts, comme on le voit parfois chez des enfants qui alternent l'hébétude extrême, avec l'explosion de rage incoercible, contre tout et contre eux-mêmes. Mais ces enfants-là s'adaptent grâce au déni et surmontent parce qu'ils sont entourés. Ce qui détermine la qualité de leur résilience, c'est la qualité du lien qu'ils ont pu tisser avant le trauma, et tout de suite après.

Les enfants vulnérabilisés avant l'épreuve par un lien mal tissé, parce qu'ils avaient été abandonnés ou parce que leur famille était malade, ne tenaient pas le coup. Souvent, ils perdaient la raison et devenaient catatoniques, absents, confus ou oniriques. Alors que ceux qui avaient été stabilisés par un lien permanent sont parvenus à trouver quelques mécanismes de défense, tels que le déni ou la haine.

Au moment de la tragédie, s'il y a autour d'eux une structure stable, quelques rituels sociaux, un rôle à tenir ou quelques gestes à faire, ils tiennent mieux le coup que ceux qui sont simplement là, comme témoins placés par le hasard.

Après la tragédie, s'ils sont réintégrés dans un groupe où ils ont une charge à assumer, ils recommencent à vivre. Mais l'énorme blessure, enkystée à l'intérieur d'eux-mêmes, s'exprime lentement au cours du développement. Alors que l'apparence est intacte, la trajectoire de leur vie, insidieusement, vient d'être complètement déviée.

Même en psychologie on raisonne comme des mécaniciens, comme si une cause unique pouvait donner un effet global. Dire qu'un carburateur bouché fait hoqueter la voiture risque de faire penser qu'un traumatisme énorme dans l'enfance explique toutes les souffrances qui surviendront par la suite. Quand un événement est trop évident, il peut nous aveugler comme une lumière qui éblouit. Il est même possible qu'un trauma aigu, spectaculaire, soit moins délabrant qu'un traumatisme chronique, insidieux mais répété pendant le temps où un psychisme en voie de développement s'imprègne de son milieu.

Bien sûr, les traumas aigus sont délabrants, mais ont-ils des effets plus durables qu'une contrainte incessante qui marque sa trace dans la mémoire, modifie les émotions, les apprentissages et le sentiment de soi ? Quand les victimes sont hébétées par une intense agression, elles réagissent souvent par une perte de connaissance. Quand elles restent conscientes, l'angoisse est si forte qu'elles éprouvent l'étonnant sentiment d'assister à leur propre tragédie, comme Dostoïevski qui se voyait assis sur son lit, ou Nietzsche qui s'imaginait suivant son propre enterrement. Mais quand l'émotion trop intense déclenche une confusion mentale avec résurgence des images de rêve ou délire momentané, cette désorganisation psychique accidentelle laisse peu de traces dans la mémoire.

En revanche, quand les blessés de l'âme vivent dans une culture pétrifiée qui les juge d'un seul regard et n'en change plus, ils deviennent victimes une deuxième fois. Mais cette fois, c'est l'entourage familial, institutionnel ou social qui les empêche de s'en sortir après les avoir sauvés. Pendant la dernière guerre, les gosses de l'Assistance étaient sauvés par les familles d'accueil sans lesquelles ils seraient morts. Le discours public de l'époque considérait que, n'ayant plus de famille, ils ne pouvaient devenir que garçons de ferme ou bonnes à tout faire. Alors, après les avoir accueillis, les fermiers les battaient dès qu'ils passaient à portée du bâton ou les humiliaient par des gestes dont ils ne comprenaient pas le sens. Bernard, âgé de sept ans, est resté six mois dans une grange. Il dormait sur une botte de paille, ne se lavait jamais et ne raclait même pas ses vêtements couverts de boue, car il travaillait dur, dès cinq heures du matin. Son aspect répugnant confirmait ce que le discours public racontait sur les gosses de l'Assistance. À ceci près que les adultes vérifiaient leurs théories sur des enfants bâtards et sans valeur, parce qu'ils avaient eux-mêmes produit ce qu'ils observaient. L'enfant considérait pourtant que son sort était enviable puisqu'il parvenait assez régulièrement à éviter les coups de bâton du fermier et qu'il était invité chaque dimanche à la table des ouvriers agricoles qui s'amusaient à le saouler. Dans le monde intérieur de l'enfant, le fait d'éviter les coups fournissait la preuve de son agilité et être saoulé tous les dimanches lui permettait d'être intégré dans le monde des grands. Je ne pense pas qu'il soit nécessaire ni moral de saouler les petits garçons pour leur fournir un rituel d'intégration (on peut en inventer d'autres!), mais je crois que pour Bernard, cette agression dominicale prenait cet effet-là.

Dans la même ferme, Brigitte, une bossue, âgée de douze ans, était bonne à tout faire. Elle disposait d'un vrai lit, avec même des draps, parce qu'elle était une fille. Parmi toutes ses charges domestiques, elle devait enlever les sabots couverts de boue des ouvriers agricoles quand ils rentraient dans la maison. Elle s'accroupissait devant eux et tirait sur la galoche, tandis que l'homme, avec son autre pied, appuyait sur la poitrine de la petite fille, « pour l'aider ». Quand le sabot s'arrachait du pied, l'enfant roulait en arrière, cul par-dessus tête, et tout le monde riait. Bernard pensait que malgré les draps de son lit, le sort de la fillette n'était pas plus enviable que le sien.

Lors d'un trauma aigu, la dissolution de la conscience, ou même le déni qui retranche du réel la partie insoutenable, protège la victime, comme l'amputation d'un membre sauve le blessé de la septicémie. Mais quand le traumatisme devient chronique, insidieux, répété chaque jour, « moral » car infligé par la société réparatrice elle-même, il inscrit dans l'enfant des troubles moins visibles mais plus durables qui imprègnent sa personnalité en cours de développement. D'ailleurs, Brigitte ne parlait pas. Chaque soir, dans ses draps, elle revivait l'épure des scènes d'humiliation. Alors que Bernard profitait de la cuite dominicale pour faire le héros et raconter dans la grange, aux autres gosses de l'Assistance, des histoires de pitreries et de bagarres imaginaires dans lesquelles il avait triomphé.

Ce qui s'inscrit dans l'enfant, c'est bien sûr le réel, quand le fracas est énorme, mais c'est surtout le sentiment de soi sous le regard de l'autre. Brigitte, dans ses beaux draps, se construisait chaque soir l'identité d'une petite fille humiliée, alors que Bernard, croûteux de boue, sur sa botte de paille, devenait celui qui avait bu à la table des adultes et les avait fait rire.

Le sentiment de soi devient une sorte de prémice d'identité, comme une image de soi plantée dans l'enfant par le regard de l'autre : « Je suis celui que l'autre regarde avec un dégoût horrifié, parce qu'il sait que je suis né d'un viol... Dans son regard je suis pestiféré. » L'effet façonnant de l'autre dure ce que dure la mémoire : il a des effets à long terme tant que la mémoire permet des performances durables, mais plus la personnalité se construit, plus le regard de l'autre ne provoque que des émotions brèves. Un enfant hyperattentif aux autres et dont la mémoire est fraîche pensera longtemps de lui-même : « Je suis le dégoûtant, le souillé, le monstre puisque les adultes me considèrent ainsi. Alors, c'est normal qu'ils m'orientent vers les circuits sociaux réservés aux dégoûtants, aux souillés et aux monstres. » Au contraire, un adulte qu'on regarde avec dégoût, alors qu'auparavant son sentiment de soi a été façonné par un regard affectueux, aura plutôt tendance à penser : « Qu'est-ce qu'il a celui-là à me regarder comme ça, pour qui se prend-il ? » Et cette émotion irritée, plantée en lui par le regard de l'autre, s'exprimera plutôt par la colère ou l'évitement, et n'aura pas d'effet durable.

La violence froide qui insidieusement façonne le sentiment de soi est sans cesse constituée par de minuscules
comportements, de tout petits gestes, des paroles banales
qui structurent le milieu où l'enfant doit se développer.
Quand un gosse de l'Assistance dit : « Je veux passer mon
bac et devenir avocat », il n'est pas nécessaire de faire de
grands discours pour entraver son rêve. Un haussement de
sourcil, une petite moue, un regard immobile pendant
quelques secondes signifient pour lui : « Je viens de dire
une ânerie. Ce rêve est impossible pour un gosse de l'Assistance. » Le même scénario comportemental adressé à un
avocat, ancien gosse de l'Assistance, provoquera une émotion totalement différente parce que l'histoire de l'adulte
lui permet d'attribuer au même scénario une autre signification, comme s'il pensait : « Vous croyez que c'est impossible. Ma performance sociale démontre que vous avez tort
et que vous n'avez rien compris. » Pour un enfant qui ne
sait pas encore qui il est, ni ce qu'il vaut, ce regard possède
le pouvoir d'imprégner un découragement en lui. Alors que
pour l'adulte historisé, le même comportement provoque
une brève émotion de condescendance enjouée : « Il n'a
rien compris, ma vie a démontré le contraire. »

Cette violence chronique, ces indices comportementaux
qui ne font pas événement et ne sont pas historisables,
possèdent probablement un effet dévastateur sur une personnalité en cours de développement, plus durable qu'un
traumatisme aigu qui, lui, est plus facile à raconter. Les
petits Palestiniens qui survivent aujourd'hui sur la bande
de Gaza et les petits Israéliens d'Hébron sont intimement
façonnés par cette violence insidieuse, plus efficace et
moins consciente que les grandes tragédies plus faciles à
mythifier [30].

Le massacre des Palestiniens en prière au Tombeau des
Patriarches a aussitôt été intégré dans le mythe de chacun
des clans, afin de provoquer l'indignation et la colère qui
aident au courage. Mais ce sont peut-être les minuscules
incidents quotidiens qui, répétés, inculquent la haine à
chaque enfant. Une fois que le sentiment de soi est imprégné, il laisse dans la mémoire des traces non conscientes.

Le reste n'est qu'affaire d'événements qui arriveront un jour ou l'autre.

La propagande nationaliste des années 1930 apprenait aux écoliers français la haine du Boche. Dès lors, il suffisait de rencontrer un Allemand pour que le moindre éclat de rire un peu sonore, le moindre *Heraus* guttural de sa langue, justifie l'horreur imprimée dans la mémoire des petits Français. Le réel, dans ce cas, fournit des alibis aux sentiments de l'enfant par la violence froide de son milieu institutionnel. Aujourd'hui, les petits Allemands et les petits Français façonnés par un autre contexte quotidien nettoient côte à côte les tombes de leurs grands-pères. Mais le mythe raconte encore que les Allemands ont dévasté l'Europe, alors qu'ils ont été autant détruits que les autres par leur idéologie mortifère.

Un traumatisme aigu est plus facile à mettre en scène. On peut sans peine en faire des images, des récits, des épopées merveilleuses et tragiques qui célèbrent le héros. Mais comment construire un mythe avec un haussement d'épaules qui détruit un espoir ou un soupir méprisant qui décourage un rêve? Un événement tragique est métamorphosable, mais comment représenter un geste dont on ne prend pas conscience?

Pour métamorphoser l'horreur, il faut créer des lieux où s'exprime l'émotion. Une resocialisation « comme si de rien n'était » souligne la blessure, alors que la transformation se fait sans peine dès qu'on peut la dessiner, la mettre en scène, en faire un récit ou une revendication militante.

Dès que les enfants de Vukovar ont été recueillis au camp de Spansko, ils ont entrepris de dessiner les épreuves qu'ils venaient de traverser [31]. Les enfants parlent quand ils dessinent. L'image prépare à la parole et leurs dessins donnent à lire la guerre.

Dans un premier temps, les deux cent dix enfants réfugiés, âgés de trois à sept ans, ont été resocialisés dans les écoles de quartier. Mais ce qu'ils venaient de vivre les avait imprégnés du sentiment exceptionnel de ne pas être de ce monde-là, avec les enfants normaux, scolarisés et possédant des parents.

Une resocialisation trop rapide avait, par contraste, souligné chez eux le sentiment d'être anormaux. Alors, ils ont pleuré, crié et frappé. Ce processus est difficile parce que le voisinage d'enfants qui viennent d'assister à des horreurs avec d'autres, bien policés, met en relief l'événement anormal des petits traumatisés qui se sentent « pas comme les autres ». Mais à l'inverse, si on regroupe les « anormaux » entre eux, on n'améliorera pas l'image qu'ils se font d'eux-mêmes, d'autant que le regard des autres les étiquette en tant que pauvres victimes, un peu répugnantes.

Le moyen le plus efficace et finalement assez rapide de les resocialiser, c'est la métamorphose du traumatisme. Dès l'instant où l'on peut parler du traumatisme, le dessiner, le mettre en scène ou le penser, on maîtrise l'émotion qui nous débordait ou nous glaçait, au moment du choc. C'est dans la représentation de la tragédie qu'on remanie le sentiment provoqué par le fracas.

Quand les enfants sortent de l'horreur, non seulement ils en sont encore imprégnés, mais ils n'ont pas pu apprendre les rituels de leur culture. Beaucoup de petits Cambodgiens, retournés à l'école après plusieurs années de camp, ne savaient pas qu'il ne fallait pas sortir le livre de classe pendant l'interrogation. Ce contresens avec l'enseignant qui les accusait de tricher ajoutait un trouble de la relation au trouble de leurs émotions.

Renate Sprengel, après la guerre de 1940, en Italie, a dû s'occuper d'un groupe d'enfants âgés de huit à onze ans qui avaient perdu leurs deux parents. Depuis quelques années, ils survivaient dans la rue, comme de nombreux *sciucia*, en cirant des chaussures, en mendiant et en volant un peu de nourriture [32]. Ils dormaient où ils pouvaient, étaient souvent battus et violés. Quand Renate les a recueillis, elle a été surprise par deux comportements opposés et pourtant associés : les enfants étaient à la fois hébétés et bagarreurs.

C'est exactement ce qu'on observe, quarante années plus tard, chez les enfants de Vukovar. « Ils me paraissent trop sages et on n'entend pas le bruit de fond habituel typique des enfants de cet âge en groupe [33]. » Ils restent isolés, jouent peu, sucent leur pouce, se triturent les cheveux, se déplacent sans balancer les bras, le regard figé, sans clignements de paupière. Cette description éthologique fournit un indice comportemental de leur monde intérieur : le déni poussé jusqu'à provoquer une sensation de vide leur permet de ne pas souffrir, mais les empêche de créer une vie psychique. Ils déambulent de manière stéréotypée pour créer quand même un ersatz de vie. Le vide psychique est une défense pour eux. Si, en voulant les aider, on mobilise trop d'émotion, ils ne peuvent pas le supporter, alors ils la transforment en violence. Quand Giorgio, après trois années de vie dans les rues de Rome, a été recueilli par une institution, une monitrice bien intentionnée lui a donné un jouet qui avait appartenu à son propre fils, un petit avion en zinc. Giorgio, fou de bonheur, a ressenti une intense émotion affectueuse qui s'est aussitôt transformée en angoisse. Il a jeté l'avion et l'a écrasé à coups de pied contre un coin de mur. La plupart des enfants privés d'affection manifestent un tel scénario comportemental. Le bonheur côtoie l'angoisse quand aucun rituel n'a appris à le gouverner. C'est ce qu'on voit chez les bébés qui se mettent à pleurer quand l'éclat de rire est prolongé, ou, plus banalement, quand un enfant joue, puis s'excite, puis se met à frapper, comme s'il ne parvenait plus à contrôler son escalade émotionnelle.

Un enfant s'imbibe de son milieu. Quand l'environnement est rempli d'horreur, l'enfant se vide pour ne pas souffrir, comme un adulte qui perd connaissance, ou se voile la face pour ne pas voir le réel terrifiant. Mais quand l'affectivité se réveille, l'enfant n'a pas appris à la gouverner. Un événement heureux provoque une émotion d'autant plus intense qu'auparavant l'enfant s'était vidé pour ne pas souffrir d'émotions incontrôlables. Alors, il embrasse ou cogne, indifféremment. Mais le destin de cette réaction émotionnelle dépend de l'interprétation de l'adulte. S'il se représente un tel enfant comme un monstre sans valeur, il va organiser des circuits éducationnels pour monstres sans valeur. L'enfant s'y adapte en apprenant à se bagarrer. Mais si l'éducateur comprend qu'un tel enfant n'a pas eu l'occasion d'apprendre à gérer les émotions qui le débordent, alors il lui offrira des lieux où l'on peut métamorphoser l'horreur.

Tous ces enfants souffrent d'anxiété, de troubles émotionnels à retentissement physique. Les pelades sont fréquentes, les troubles du sommeil et des conduites alimentaires sont habituels. Et pourtant la moitié d'entre eux, quelques années plus tard, ne manifestent aucun trouble apparent. La scolarité et les apprentissages ont repris leur cours normal et même « pour la majorité [...] une aptitude conforme à leur âge pour les apprentissages et parfois des réactions d'hypercompensation par un investissement très positif des tâches pré-scolaires [34] ». Pour ces enfants l'école devient souvent le lieu du bonheur. On y rencontre des copains et des copines. On y joue beaucoup. Pour la première fois de leur vie, les adultes ne sont pas des tueurs, ils sont même gentils et l'encadrement régulier apprend des rituels qui structurent les émotions. Un événement inouï d'amour et de gaieté explique qu'il n'est pas rare de voir ces enfants arriver à l'école une heure avant l'ouverture et trembler de froid dans les portes cochères.

Leur destin dépend du regard social. Ceux dont les troubles sont considérés comme une preuve de leur mauvaise qualité seront orientés vers des institutions pour enfants de mauvaise qualité où ils apprendront à devenir délinquants. Alors que d'autres, orientés vers les milieux acculturés, éprouveront l'école comme un lieu de bonheur où ils pourront métamorphoser l'horreur. « On ne peut expliquer la vulnérabilité par les caractéristiques individuelles de l'enfant, mais il faut la comprendre en termes plus généraux et impersonnels. Je considère maintenant que le progrès de l'enfant le long des lignes de développement vers la maturité dépend de l'interaction de nombre d'influences extérieures favorables avec... une évolution de structures internes [35] », disait Anna Freud.

Un jardinier enchanteur, une grande sœur initiatrice ou un parti politique peuvent changer la signification d'une souffrance.

Parmi ces « lignes de développement », ces étoiles du berger qui orientent l'enfant, Marie-Rose Moro a trouvé un facteur spécifique : « Ces enfants de migrants qui réussissent à l'école ont dans leur entourage un personnage qui joue le rôle " d'initiateur ". Ce peut être par exemple l'instituteur pour Abdoulaye, la grande sœur pour Hamina ou une voisine bienveillante pour Hamid [36]. »

Notre culture trop fonctionnelle a sous-estimé le rôle des initiateurs. Ces enfants carencés sont tellement avides d'identification qu'il n'y a pas grand-chose à faire pour leur donner une « ligne de développement ». Mais trop souvent, les cultures sont prisonnières de leurs discours publics et ne leur montrent même pas une seule étoile du berger.

Maurice a passé les dix premières années de sa vie en compagnie de deux parents alcooliques qui se battaient tous les jours. À l'âge de dix ans, il a été placé dans une institution où il n'a pas été malheureux, jusqu'au jour où il a rencontré un jardinier qui a enchanté sa vie. Chaque jour, l'enfant attendait ce travailleur et s'empressait de lui poser quelques questions banales auxquelles l'homme répondait gentiment. Pour l'adulte, ce n'était rien, quelques minutes de vacances pour répondre à un enfant. Pour le petit ce fut un événement énorme, fabuleux, car c'était la première fois de sa vie qu'on lui parlait gentiment et qu'il avait l'occasion d'entendre de belles histoires de fleurs. Aujourd'hui, Maurice est universitaire et c'est lui qui nous a proposé la fable du jardinier, cet initiateur qui, en un seul mot ou un seul geste, a métamorphosé sa douleur.

Quand « l'enfant est exposé [37] » à un risque vital ou à une acculturation brutale, il est contraint à changer, il est obligé de se métamorphoser. « Si un enfant arrive à résister à ce risque transculturel, s'il trouve dans ses propres capacités, ou dans l'environnement, des facteurs qui lui permettent de maîtriser ce danger, il en acquiert la certitude qu'il est hors du commun, presque invulnérable, jusqu'à ce qu'un événement vienne réactiver la mémoire du risque qu'il garde au plus profond de lui-même [38]. »

La résilience n'a rien à voir avec l'invulnérabilité. L'enfant se sent invulnérable puisqu'il est hors du commun, mais cela ne signifie pas qu'il le soit. D'ailleurs, l'existence le lui rappelle souvent, quand un événement minuscule touche la partie douloureuse de sa mémoire et réveille la trace enfouie.

Les enfants soldats paraissent invulnérables : ils sont mignons, montent la garde avec beaucoup de courage, demandent très gentiment les papiers avec leur petite voix, et tirent pour tuer à la moindre incartade. Puis ils rentrent chez eux après une journée de travail. Ils ont donné la mort le plus gentiment du monde parce que la technique des armes le leur a permis et parce que les adultes qui les entourent ont fait de ce crime un rite de passage.

Tout va pour le mieux tant que ces enfants ne sont pas socialisés, tant que le crime est une promotion sociale pour eux. Mais quand, après la guerre, ils retournent à l'école et changent de contexte, ils reprennent le développement de leur personnalité. C'est alors qu'apparaît le syndrome post-traumatique. Ce n'est que lorsque le développement de leur empathie leur permet de se mettre à la place des autres et de se représenter leurs souffrances que le geste prend la signification d'un meurtre. Alors, seulement, ils commencent à souffrir. L'apparition chez eux de l'angoisse et de la culpabilité devient une preuve de leur reprise évolutive vers la condition humaine. Un enfant tueur qui reste souriant est invulnérable tant qu'il n'a pas accès à l'empathie. Sa force est la preuve de sa limitation. Un enfant résilient aurait métamorphosé sa douleur, comme le fera peut-être plus tard l'enfant soldat quand il cherchera à comprendre comment il a pu faire ça.

C'est donc le contexte créé par les adultes qui attribue un sens à l'événement. Tuer un homme peut aussi bien prendre le sens d'une victoire que celui d'un crime, et ce sens peut nous euphoriser autant que nous torturer.

Il se trouve que lorsque l'âge nous permet de nous retourner sur nous-mêmes, notre regard sur le passé change le sens des événements qui nous sont arrivés et le sentiment de l'imminence de la mort. Jeannette et Joseph ont quitté Drancy par le même convoi pour Auschwitz. Mais Joseph a pu s'échapper avant que les wagons soient scellés. Jeannette a survécu parce que son train est entré dans le camp juste avant la Libération. À son retour, Joseph l'attendait dans les velours de l'hôtel Lutétia à Paris et son ventre s'est tordu quand il a vu le chiffre bleu tatoué sur l'avant-bras de sa sœur. À l'époque où ce tatouage signifiait la mort absurde et horrible, Jeannette ne portait que des chemises à manches longues. Dans les années d'après-guerre, Joseph et Jeannette ont milité au parti communiste qui les glorifiait en expliquant qu'ils allaient apporter au monde le bonheur et la justice. Avec le temps, avec les discours, avec les fêtes et les parades égalitaires, Jeannette a relevé progressivement ses manches. Trente ans plus tard, quand la société a découvert l'horreur des camps pour en faire un discours populaire, Jeannette n'a plus porté que des chemises à manches courtes. Dans ce nouveau contexte, le tatouage signifiait : « Moi j'en suis revenue, je peux témoigner. J'ai droit à la parole. »

Sans compter sur cet effet paradoxal qui apaise l'angoisse quand le regard s'éloigne : plus un survivant vieillit, plus la proximité de la mort s'éloigne. Lorsque Jeannette fut accueillie à l'hôtel Lutétia, son tatouage voulait dire : « J'ai frôlé la mort ignoble. » Mais cinquante ans plus tard, le numéro bleu inscrit dans sa peau prenait l'effet d'une farce victorieuse : « Cinquante ans de vie rabiotée. Je les ai bien eus ! J'aurais tellement dû mourir. Chaque jour de survie est un bras d'honneur à la mort ! »

« Plus je vieillissais, plus la mort s'éloignait ! » a dit Jorge Semprun [39]. Les enfants n'écrivent pas de livre, mais ils éprouvent intensément le sentiment de sursis insolent. « Mon Dieu, faites que je vive jusqu'à dix ans », priait, chaque soir, Alain le petit leucémique. Depuis qu'il a guéri, chaque année passée l'éloigne de sa mort. C'est donc possible : on peut métamorphoser sa douleur.

On observe mal la rivière dans laquelle on se baigne. Tant que
la violence a été considérée comme une méthode normale
d'éducation, la maltraitance n'a pas été pensée.

Quand le fracas vient de loin, d'une armée étrangère,
d'un groupe d'hommes armés, d'une catastrophe naturelle
ou d'une maladie, c'est le contexte et le temps qui attri-
buent un sens à l'événement, nous permettant d'affronter
l'épreuve et de la changer. Mais quand l'agression vient de
ceux qu'on aime, le travail de métamorphose est bien plus
difficile.

La notion d'enfant maltraité a une bien curieuse histoire.
Longtemps, la maltraitance n'a pas été pensée. Quand un
enfant sur deux meurt dans la première année, quand on en
perd « soi-même deux ou trois sans trop de peine » (Mon-
taigne), quand on considère que c'est un petit animal, un
« tohu-bohu de sens » (Bossuet), bousculer un enfant, le
battre ou l'enfermer ne fait pas germer dans l'esprit de
l'adulte la représentation de la maltraitance.

L'infanticide a longtemps été considéré comme une
manœuvre d'hygiène sociale : « Il faut séparer ce qui est
bon de ce qui ne peut servir à rien », disait Sénèque pour
justifier la mise à mort des nouveau-nés douteux [40]. Le père
décidait donc de celui qui était douteux, le mal-formé, la
fille ou celui dont il ne voulait pas. « En relevant de terre la
petite créature, il l'instituait fils [41]. » Paul, juriste sévérien,
indique même quelques méthodes pour se débarrasser des
douteux : les jeter à la rue, les étouffer ou les priver d'ali-
ments. L'éducation se fait par la terreur : le fouet, les bruta-
lités publiques et privées et les punitions démesurées
« forcent le caractère encore flexible de l'enfant [...] ils ont
beau pleurer et se débattre [...], on leur inculque la culture
libérale en recourant à la terreur s'ils la refusent [42] ».

Le Moyen Âge est rempli d'enfants noyés, étouffés, abandonnés, vendus aux riches voisins, aux seigneurs ou aux
Sarrasins pour en faire des esclaves.

Le XIXᵉ siècle supprime l'esclavage mais invente l'indus-
trie qui oriente les enfants vers les manufactures où leurs

faibles salaires et leur docilité permettent de les faire travailler quinze heures par jour, recroquevillés dans des
niches, attelés à des berlines, ou rampant dans les boyaux
des mines. Ces enfants devenaient chauves, comme le sont
aujourd'hui les petits Indiens surmenés qui deviennent
blonds par carence en fer, de la même façon que le visage
des filles sous-alimentées se couvre de poils noirs, et
comme les garçons stressés blanchissent en une seule nuit.

Cette condition terrifiante des enfants n'était jamais
appelée maltraitance puisqu'elle était normale. Le fait de
battre, mutiler, isoler, affamer, humilier, violer et abandonner pour ne pas avoir à noyer, paraissait normal aux
adultes qui étaient habités par les croyances de leur
époque. Le miracle, c'est que malgré leur enfance torturée,
certains devenaient adultes sans répéter la brutalité de leur
culture. Ils s'en démarquaient et la faisaient évoluer.
Ceux-là étaient certainement les premiers résilients.

La notion de maltraitance a été mise en lumière dans les
années 1970. Si elle a pu entrer dans nos débats, c'est probablement grâce à quelques adultes résilients, anciens
enfants maltraités, qui ont œuvré pour que ça cesse. L'idée
de résilience vient de naître, mais elle existe vraisemblable-
ment dans le réel depuis l'origine de l'humanité.

C'est certainement la modification du discours social qui
a changé le destin de l'enfance. Quand on étudie l'âge réel,
au moment de la mort, des squelettes dans les sépultures
qui vont du néolithique à l'époque moderne, on est effaré
par le nombre d'ossements d'enfants. Or, si à partir de la fin
du XVIIIe siècle, on note une chute de la mortalité des petits,
ce n'est probablement pas grâce à l'amélioration de
l'hygiène ou de l'alimentation qui restaient catastrophiques, mais à cause du changement culturel de la
manière de penser les bébés. Tant qu'on se dit que le fait de
tuer un petit âgé de un an n'est qu'un avortement retardé, la
mortalité est effrayante. Tant qu'on pense que les enfants,
avant l'âge de raison, ne sont que des animaux pervers, les
« accidents » mortels restent très élevés. Mais dès qu'on
pense que le bébé est un petit humain en voie de développement dont l'intelligence permet de comprendre très tôt une

grande partie de notre monde d'adultes, on découvre alors que des actions très simples suffisent à le protéger.

Jusqu'au milieu du XIXᵉ siècle, ce qui organisait le milieu où les enfants avaient à se développer, c'était la mort. Très peu d'enfants étaient élevés par leurs parents [43] puisque les femmes mouraient très jeunes, autour de vingt-cinq ans, et que seuls quelques hommes dépassaient l'âge de quarante ans. Un enfant sur deux était donc élevé par des adultes qui ne l'avaient pas mis au monde. Ce n'était pas la peine d'inventer le divorce puisque les morts précoces permettaient les remariages fréquents. En cas de conflit, il suffisait d'attendre. Mais la solitude n'était pas possible : un homme sans femme ne pouvait pas vivre quand il partait aux champs à cinq heures du matin pour rentrer à la nuit. Alors, il se remariait avec une jeunette dans les quatre à six mois qui suivaient son veuvage. Une femme sans homme ne pouvait pas survivre dans un contexte technologique où seuls les muscles des hommes et des animaux fournissaient l'énergie qui aujourd'hui est donnée par l'électricité, l'essence ou le nucléaire. Quant aux enfants abandonnés, leur espérance de vie était brève jusqu'au XIXᵉ siècle.

Les inventions techniques ont joué un grand rôle dans l'établissement des conjugalités. Et les discours sociaux ont établi des règles à l'intérieur desquelles les enfants ont eu à se développer.

Les inventions techniques ont toujours joué un rôle dans les manières de structurer les conjugalités [44]. Quand le soc de charrue en fer a été inventé au XIᵉ siècle, le poids des hommes suffisait à le faire pénétrer dans la terre. Les moissons sont devenues assez abondantes pour faire disparaître les famines. Alors les femmes ont pu rentrer à la maison et mettre au monde six ou sept enfants, ce qui, à cette époque, était considéré comme un grand progrès, une amélioration de la condition féminine. Dès lors, les enfants ont vécu dans des milieux totalement différents. À partir du XIIᵉ siècle, des équipages de femmes, des sortes de familles polymaternelles, comme on peut en voir aujourd'hui en

Afrique ou à la Martinique, entouraient les enfants et suffi-
saient à leur développement. Les pères étaient aléatoires
puisqu'ils étaient dehors et que l'union libre était la règle.
Le mariage et son ascèse n'ont été recommandés par
l'Église qu'à partir du concile de Trente (1545-1563 [45]),
quand l'Église et le roi ont demandé aux femmes de
« dénoncer les pères ». Cette évolution des mœurs permet
de repérer comment la technologie et l'État jouent un rôle
important dans le façonnement du sentiment de paternité.
Ce n'est qu'à partir du XIXe siècle que le père a été intégré
dans la cellule éducative pour représenter l'État dans la
famille [46]. Ce processus de rigidification de la conjugalité
s'est développé surtout quand les usines et les bourgeois
ont eu besoin de couples stables pour structurer la société
industrielle.

Les enfants ont donc eu à se développer dans des milieux
familiaux étonnamment différents, organisés par la technique et la pensée de l'époque : du clan au foyer, de l'abandon à la surprotection, de la permissivité à la contrainte, de
la torture à l'adoration, ces mille manières d'être façonné
produisent finalement des adultes qui parviennent à transmettre la vie et la culture. La résilience est donc la règle,
sinon nous ne serions pas là pour en parler, mais c'est la
première fois qu'on y réfléchit.

Même s'il n'y a pas de leçon à recevoir de l'Histoire, la
méthode comparative permet de mettre en lumière nos
propres problèmes. Que signifie aujourd'hui le surinvestissement des enfants en Occident ? Probablement une
meilleure compréhension de la petite enfance grâce aux
progrès des sciences de l'observation, associées à un discours qui fait de l'épanouissement de la personne une
valeur culturelle. L'imprimerie a facilité l'école qui donne
aux diplômes le pouvoir de structurer les nouvelles classes
sociales et leurs inégalités. L'écologie artificielle que nous
habitons grâce aux fulgurantes améliorations techniques a
rendu désuètes l'énergie musculaire et la force que donne la
violence. Surtout, les techniques médicales de la procréa-
tion changent complètement le sens de donner la vie. Les
filles ne sont plus nos servantes, les garçons ne sont plus

nos bâtons de vieillesse, nos enfants ont pour mission de réaliser nos rêves, de devenir une personne, puis de nous quitter, diluant ainsi le lien qui leur a permis de naître.

Les mouvements migratoires réalisent des sortes d'expérimentations naturelles qui nous permettent d'observer comment se structurent les couples et pourquoi ils prennent une forme déterminée. Depuis une trentaine d'années, la Côte-d'Ivoire est bouleversée par les contraintes économiques et par les progrès techniques qui poussent les gens vers les villes. Depuis 1964, une loi sur le mariage a complètement métamorphosé la conjugalité[47]. Avant cette date, les mariages arrangés avaient pour fonction de pérenniser la structure du groupe, la transmission de ses techniques et de ses traditions. L'affectivité était secondaire et souvent tiède dans ces couples qu'on formait pour poursuivre une filiation. Depuis 1964, c'est l'amour qui justifie la formation du couple et non plus la contrainte sociale. Les enfants issus de ces nouveaux couples ont aujourd'hui plus de vingt ans. Ils se sont développés à l'intérieur d'un couple fusionnel qui privilégiait le bonheur de chaque personne, plus que le respect de la tradition.

Les grand-mères sont restées à la campagne, tandis que les jeunes femmes, isolées en ville, oubliaient en une seule génération les rituels qui prescrivaient les comportements adressés au bébé. La force qui façonnait l'enfant venait désormais de la personnalité de la mère et non plus de la tradition du groupe. L'affectivité dans laquelle baigne tout enfant et qui joue un rôle dans le façonnement de son émotivité n'était plus du tout la même. Quand les jeunes se rencontrent pour vivre un amour, ils privilégient la personne et non plus le groupe. Si bien que lorsque des divergences personnelles apparaissent dans le couple, ils continuent à privilégier l'épanouissement de la personne et parlent de divorce. La tiédeur de sentiment des mariages arrangés suffisait à maintenir le couple justifié par la société alors que la chaleur de l'amour est nécessaire aux nouveaux époux. Les enfants qui se sont développés dans un tel climat conjugal ont d'abord connu la chaleur de la prison affective de parents amoureux et mal traditionalisés. Les rôles sociaux

y étaient moins clairs et les pères moins bien situés cultu-
rellement. Vers l'âge de dix ans, un grand nombre d'enfants
ont connu le froid de la séparation parentale.

Le père peu présent s'est encore plus estompé. La mère
malheureuse est devenue surmenée. Et la famille tradi-
tionnelle, qui n'avait jamais été admise dans le quotidien ni
dans les récits, n'a pas pu prendre le relais ni offrir de substituts. Les changements technologiques et légaux de la
culture parentale expliquent qu'un grand nombre d'enfants
de cette génération, après avoir connu la douce prison
amoureuse où ils se sont bien développés, sont tombés
dans un désert affectif, sans relais culturel.

Malgré une nette amélioration de leur personnalité, on
note une importante augmentation des dépressions et des
suicides, pratiquement deux fois plus nombreux dans les
familles monoparentales et recomposées[48]. Ces épreuves
ne sont pas explicables par la pauvreté puisqu'on les trouve
à tous les niveaux de la société. Elles s'enracinent plutôt
dans une absence de musculation affective car ces enfants
sont passés du cocon familial à l'agression sociale, sans
relais culturel.

L'époque où la famille nombreuse était le témoin de la
moralité des parents est agonisante en Occident. La culture
de la personne n'en fait plus une valeur puisque les parents,
dans cette situation, doivent se consacrer à étayer leurs
enfants. Ce qui est témoin de la moralité aujourd'hui en
Occident, c'est le respect de la personne qui, pour s'épanouir, devra limiter le nombre des enfants et, s'il le faut,
envisager le divorce. Il s'agit de deux politiques d'existence
totalement opposées où chacune aura bien du mal à
convaincre l'autre.

Cette petite réflexion permet de comprendre que les
enfants passent leur temps à changer de sens et que le
milieu qu'on leur impose pour leur développement dépend
de l'idée que l'on se fait d'eux. Quand la technologie s'enrichit, les possibilités de développement individuel changent
et les lois tentent de suivre l'évolution pour confirmer ou
interdire certaines lignes de développement. Dans une
culture où les enfants meurent naturellement et où la vio-

lence est une valeur adaptative, l'infanticide et le viol ne sont pas criminalisés[49]. Dans un tel contexte, la maltraitance n'est pas pensée. Les enfants sont entraînés vers la mort, la souffrance ou la résilience s'ils veulent s'en sortir.

Mais dans une culture où les enfants sont rares, où la personne est une valeur, la maltraitance prend un relief insupportable et incite à trois temps de recherche : la repérer et la décrire ; comprendre ses effets en observant le devenir des enfants maltraités ; tenter de découvrir les moyens de les soigner.

Le cheminement des idées est un curieux travail puisqu'il consiste à mettre en lumière un phénomène qui existe dans le réel, mais dont on ne prend pas conscience puisque, sans relief, il se confond avec la culture ambiante. Quand l'abandon des enfants était fréquent, on ne parvenait pas à penser que c'était un crime puisque « tout le monde » faisait ainsi jusqu'en 1914. Quand ils étaient battus, saoulés, épuisés de travail et abusés sexuellement, on ne punissait pas les adultes, jusqu'en 1941, puisque « ça se fait ». Pour lutter contre la misère qui est une grave forme de maltraitance sociale, l'Angleterre industrielle a construit des institutions généreuses où elle a recueilli les enfants dans les *Work houses*. La maltraitance y était impensable puisqu'il s'agissait d'une bonne œuvre sociale. Seuls des individus marginaux et ingrats comme Charles Dickens ont osé dire qu'on y souffrait.

Après sa victoire de 1870, la Prusse avait fait de la dureté son principe d'éducation. Dans les écoles et les pensions, la souffrance était constante. Les beaux collèges anglais n'ont cessé leurs douloureux et humiliants châtiments corporels que ces dernières années. Et nos plus dévouées écoles religieuses n'hésitaient pas à mettre au cachot pendant plusieurs jours les petits qui leur étaient confiés, ce qui constitue la plus grave agression psychique qu'on puisse infliger, au nom de la morale !

Les enfants souffraient, apprenaient la haine de l'armée, de la religion et de l'école[50]. Pourtant un grand nombre s'en sortaient, et souvent même remerciaient leurs cruels éducateurs de les avoir forgés pour la vie.

Une idée neuve : la maltraitance.

C'est en France, en 1889, que certains ont pensé que ce n'était pas bien de maltraiter les enfants et ont promulgué les premières lois punissant les parents maltraitants [51].

Il a fallu attendre les années 1950 pour qu'un neuro-chirurgien (Ingraham), un pédiatre (Caffey) et un radiologue (Silvermann) décrivent des lésions osseuses mystérieuses attribuées à des coups répétés. Le fait que les médecins ont pu mettre en lumière l'idée de maltraitance permet de réfléchir au besoin de la preuve dont les « normaux » ont besoin pour entendre l'innommable. Les médecins avec leurs images et leurs certificats constituaient les preuves qui ont permis de penser la maltraitance. Alors que les Arméniens fuyant la Turquie et les enfants revenant d'Auschwitz n'avaient aucune preuve de ce qu'ils avaient vu. Pas plus qu'aujourd'hui les petits Rwandais ne possèdent de photos des massacres, d'ordres administratifs ou de certificats pour prouver la disparition de communautés entières.

En fait, le mouvement est parti en 1962, quand un pédiatre, R. Kempe, a publié *Le Syndrome de l'enfant battu*. Dès lors, Pierre Strauss, le pédiatre, et Jean-Pierre Rosenczveig, le juge, ont participé à une commission fondée par Jacques Barrot qui aboutit à la loi du 10 juillet 1989, soutenue par la ministre Hélène Dorlhac. Aujourd'hui de nombreuses associations (AFIREM, Enfance et Partage, Fondation pour l'enfance, Ligue française pour la Santé mentale) éclairées par quelques étoiles intellectuelles, comme Pierre Manciaux et Michel Lemay, précisent la notion de maltraitance et de sa restauration, la résilience.

Cette énumération fastidieuse pose un problème intéressant : il est difficile de penser ce qui n'a pas été pensé. Les premiers témoignages provoquent presque toujours des réactions indignées. La pensée facile consiste à dire que l'agresseur est lointain, méchant, monstrueux, aisé à identifier. Malheur à celui qui trouble cette pensée facile en faisant remarquer que la plupart des crimes et des violences

se passent dans les familles (97,5 %) et non pas au-
dehors [52], que les grands criminels peuvent avoir une
belle gueule et que les pères incestueux sont tellement
sympathiques.

Dès que la première pensée a pu être posée par quelques
pionniers fortement critiqués, elle devient pensée facile,
pensée culturelle. Alors, tout le monde se met à voir partout
des parents maltraitants et des pères incestueux.

Un journal publie le faux chiffre de quatre cent mille
enfants maltraités; les femmes, afin de faciliter leur
divorce, accusent leur mari d'attouchements sexuels sur
leurs enfants, et les jeunes filles se barricadent dans leur
chambre tant elles ont peur de leur père [53].

Tant qu'une situation d'exception reste au-delà de l'en-
tendement social, le négationnisme pourra se développer.
Mais il est difficile d'acculturer un événement d'exception,
d'abord parce qu'on n'y croit pas, tant il est exceptionnel,
ensuite parce qu'on y croit trop, tant il est exceptionnel.
C'est pourquoi donner un chiffre, publier un palmarès de
la maltraitance, est une opération illusoire. La notion
même de maltraitance dépend du contexte culturel qui
l'estompe ou la met en lumière. Quant à celui qui souffre,
il peut s'en indigner ou s'en enorgueillir, selon que la
culture utilise cette tragédie pour faire rire ou pour manipuler. Mieux vaut chercher à décrire ce qui se passe dans
le monde intérieur de l'enfant maltraité et le devenir de
ceux qui l'ont été.

Moins on a de connaissances, plus on a de convictions.
Contester un savoir donne le plaisir de l'échange, alors que
s'opposer à une conviction revient à traiter l'autre de men-
teur, de fou ou d'idiot. On se fâche bien plus pour défendre
une opinion que pour élaborer une idée. La pensée collective a une fonction plus religieuse qu'intellectuelle : dire
tous ensemble la même chose permet de mieux nous aimer
en partageant la même vision du monde. C'est pourquoi les
stéréotypes nous tiennent à cœur. Alors on dit tous
ensemble : « Ces enfants maltraités sont des écorchés vifs...
ils remplissent les prisons... ils sont hébétés... impulsifs...
Au XIXe siècle les bâtards étaient démoniaques, au XXe on

parlait des " pupilles vicieux ", à l'époque de François Truffaut, ces enfants étaient caractériels [54], aujourd'hui on dit
qu'ils répéteront la maltraitance, ils maltraiteront comme
ils ont été maltraités. »

Comment faire pour ne pas rencontrer d'enfants résilients.

La méthode la plus fiable et la plus laborieuse consiste à
observer une cohorte d'enfants maltraités et d'essayer de
les rencontrer régulièrement le plus longtemps possible. La
méthode est dite « longitudinale catamnésique : elle permet d'examiner les comportements d'un groupe de sujets
connus pour avoir subi une atteinte de même type et de
vérifier l'apparition d'effets éventuels pouvant résulter de
cette atteinte [55] »...

Quand on étudie ce sujet, on est régulièrement étonné
par la dissociation qui existe entre le devenir des agressés
vingt à cinquante ans plus tard et le témoignage des soi-
gnants qui ont eu à s'en occuper. Les professionnels disent
tous, comme je l'ai fait : « La maltraitance se transmet à
travers les générations... qui a été maltraité maltraitera...
cette fille dans l'institution, j'ai eu sa mère, j'aurai sa
fille... » Toutes ces phrases sont vraies, mais elles sont ali-
mentées par une énorme faute de recueil d'informations
que je propose d'appeler le « biais du professionnalisme ».
Les professionnels ne recueillent que les cas à problèmes,
ceux qui répètent la maltraitance et confirment la théorie.
Les autres, ceux qui s'en sortent, suivent leur bonhomme
de chemin en dehors des circuits professionnels.

Il nous a donc fallu effectuer des recherches naturalistes,
hors des laboratoires et des institutions pour aller bavarder
avec d'anciens enfants maltraités qui ne confirmaient pas
la théorie.

Dire que les enfants maltraités peuvent devenir des
adultes tout à fait humains ne veut absolument pas dire
qu'il faut maltraiter les enfants pour en faire des adultes
épanouis. Même si Serge Moscovici [56], dont l'enfance a été
blessée par « le roc du totalitarisme » en Roumanie, a pu

écrire : « Que j'en aie réchappé ou leur aie faussé compagnie me surprend encore... Je plains ceux qui ont eu une enfance heureuse, ils n'ont rien eu à surmonter. »

Les cas tragiques mis en lumière par notre culture alimentent notre discours social. Les aventures résilientes restées dans l'ombre sont nombreuses mais pas encore analysées.

Ce biais du professionnalisme est parfaitement illustré par l'étude primordiale qui a véritablement lancé, en 1946, l'autoroute des recherches sur les carences affectives [57].

Ce travail magnifique a montré de manière élégante et claire à quel point une privation maternelle au cours de la « période critique des premiers mois [58] » entraînait régulièrement un enchaînement comportemental descriptible : le premier mois, les enfants deviennent pleurnichards et s'accrochent à l'observateur. À partir du deuxième mois, ils refusent tout contact, maigrissent et deviennent insomniaques. Au troisième mois, ils deviennent inexpressifs, absents, comme léthargiques. Puis ils se mettent à plat ventre et se laissent mourir, même si on leur donne à manger. Les survivants souffrent d'importants retards psychomoteurs et deviennent débiles et délinquants.

Cette description, régulièrement confirmée par ceux qui ont à s'occuper des enfants abandonnés, nécessite un bref commentaire. Ce travail est tellement bien entré dans notre culture qu'il est difficile aujourd'hui de visiter une prison sans entendre expliquer la délinquance par la carence affective.

Deux remarques n'ont jamais été faites. Spitz parle de récupération possible dès 1946 : « Si [...] on restitue la mère à son enfant, ou si on réussit à trouver un substitut acceptable pour le bébé, le trouble disparaît avec une rapidité surprenante [59]. » Et surtout, personne n'a fait parler les chiffres et n'a souligné l'étonnante variabilité des réponses individuelles. Sur cent vingt-trois nourrissons privés de mère, dix-neuf ont développé la forme anaclitique devenue célèbre, et vingt-trois ont souffert de troubles psycho-affectifs réversibles [60], soit un tiers d'évolution mortelle ou grave dont tout le monde parle, et deux tiers de récupération silencieuse. Personne ne s'est intéressé aux quatre-vingt-un enfants qui, ayant subi la même agression, n'y ont pas succombé. Ces enfants n'existent pas dans la littérature psychologique parce qu'ils se sont débrouillés.

Notre culture a mis l'éclairage sur le malheur. Ce qui ne veut pas dire que notre sensibilité à la souffrance est morbide. Au contraire même, le fait de souligner la violence de la privation affective constitue un indice de civilité. La perception du malheur est une affaire de relief. On en prend mal conscience dans un milieu où il est habituel. De même que la violence est tolérée ou ignorée dans les cultures violentes, elle devient insupportable dans les sociétés où l'on ne la considère plus comme un phénomène naturel. La sensibilité au malheur prouve que notre culture revendique le bonheur. L'intolérance à la violence prouve qu'elle n'en fait plus une valeur, ni même une force nécessaire [61].

Cette aptitude morale a un effet paradoxal. À force de ne parler que de malheurs et de ne mettre en lumière que la violence insupportable des crimes, des viols et des tortures mondiales, nous finissons par habiter un monde de représentations verbales constitué essentiellement par ce que nous combattons. Alors, nous éprouvons un sentiment d'écœurement, d'indignation et parfois de délectation, provoqué par nos récits, nos films, nos romans et nos débats.

Premiers rendez-vous avec ceux qui s'en sont sortis.

Les recherches sur la résilience, en mettant la lumière sur ceux qui s'en sortent, ne relativisent absolument pas la gravité du traumatisme, elles proposent une méthode comparative qui permettrait de chiper à nos héros résilients deux ou trois idées pour mieux tenir le coup, et même rebondir.

Les méthodes longitudinales et catamnésiques semblent fertiles pour recueillir ce genre d'informations. Afin d'évaluer l'effet global de la maltraitance, il faut comparer le devenir d'un groupe d'enfants maltraités à une population analogue d'enfants bien traités.

Georges Vaillant a trouvé l'astuce, en étudiant le devenir d'une population de jeunes privilégiés. En 1938, deux cent quatre étudiants âgés de dix-huit ans, qui venaient d'entrer à Harvard, ont été suivis pendant cinquante ans. Un séjour leur était offert à Harvard tous les deux ans, de façon à suivre leur santé, leur état mental, et leur devenir social. Le bilan de leur traversée de la vie a été publié à partir de 1990 [62].

Parmi les jeunes gens mâles, puisqu'il n'y avait pas de filles à Harvard à cette époque, vingt-trois sont morts avant soixante ans, dont cinq pendant la guerre de 1940. Huit étudiants ont disparu. Trente-neuf hommes ont souffert de difficultés psychiques importantes : onze de dépressions graves avec abattement et perte du goût de vivre, six de troubles de l'humeur alternant l'euphorie et la mélancolie, vingt-deux de maladies mentales graves, paranoïas et psychoses hallucinatoires, ce qui, en ajoutant les huit disparus, correspond à vingt-trois pour cent de difficultés psychiques.

Ce bilan, pour un suivi de cinquante années, revient à dire, en ajoutant les moments de dépression spontanément curables, que presque trente pour cent d'une population de jeunes gens parmi les plus privilégiés de la planète ont connu une existence difficile et douloureuse.

Si la conclusion de ce travail se contentait d'affirmer que la vie est dure pour tout le monde, ça ne justifierait peut-être pas le budget de la recherche. Alors, les auteurs ont tenté de comprendre les mécanismes de défense positive qui caractérisaient ceux qui avaient connu la vie la plus heureuse. Les tests passés tous les deux ans et les entretiens à Harvard ont permis de constituer deux populations opposées : parmi les deux cent quatre observés, Vaillant a analysé les soixante personnes qui avaient traversé la vie dans un bonheur constant, et les soixante autres qui avaient connu les plus grandes difficultés psychiques. Les chercheurs ont eu deux surprises.

La première fut de comprendre que ceux qui avaient eu l'enfance la plus dure (parmi ces privilégiés) furent ceux qui avaient connu la vie adulte la plus épanouie, probablement parce que à l'âge de dix-huit ans, ils avaient été contraints par leurs petites épreuves de mettre en place des défenses positives. Alors que ceux qui avaient connu une enfance trop protégée avaient moins su affronter les épreuves de la vie.

La seconde surprise fut de constater que les mécanismes de défense le plus souvent retrouvés chez les adultes épanouis étaient les mêmes que ceux que l'on pouvait noter dans une population d'enfants résilients maltraités :

– La sublimation, quand la force de vivre est orientée vers des activités socialement valorisées, comme les activités artistiques, intellectuelles ou morales. Cette vitalité, aimantée par la société, permet aux blessés de l'âme, petits et grands, d'éviter le refoulement et de s'exprimer en entier, pour le plus grand bonheur de tous.

– Le contrôle des affects est associé à la sublimation : ni colère, ni désespoir, ni rumination, ni passages à l'acte brutaux, pour satisfaire les besoins immédiats. Une douce gestion du temps, une aptitude à retarder la réalisation des désirs et à les transformer, afin de les rendre acceptables.

L'altruisme a été un trait caractéristique de cette population. Le dévouement à autrui permet d'échapper au conflit intérieur et permet de se faire aimer grâce au bonheur qu'on donne. Le retour est énorme, c'est une bonne affaire.

L'humour a également été une défense précieuse. La représentation de l'événement traumatisant, destiné aux autres, permet de prendre de la distance, de moins se laisser entamer par l'épreuve et même d'en retirer un petit bénéfice de comédien.

Finalement, une population d'enfants maltraités donne à peu près vingt-cinq pour cent de dépressions récidivantes au cours de l'existence. Ce chiffre énorme correspond au pourcentage de dépressions dans la population témoin et même dans la population privilégiée.

Alors ? Il n'y aurait pas de différence entre la maltraitance et la bientraitance ? Si l'on ne faisait parler que les chiffres, on risquerait d'arriver à une telle interprétation. Le seul moyen d'expliquer ce paradoxe, c'est d'apprendre à raisonner en termes de résilience. À chaque étape de l'histoire de l'enfant existe une possibilité de réparation ou d'aggravation.

Nos découpes universitaires accentuent le biais du professionnalisme. Les cliniciens décrivent des troubles incontestables durant la période où ils suivent la personne maltraitée. Mais celle-ci leur échappe dès qu'elle se tire d'affaire et le clinicien ignore les évolutions positives que le blessé a su trouver.

Il n'est pas question de dire que la maltraitance n'est rien. C'est une grande souffrance qui contraint à utiliser la partie saine de la personnalité pour se défendre et produire encore plus d'humanité.

Un piège de l'observation directe : le fait que le résultat soit merveilleux ne veut pas dire que le cheminement n'a pas été douloureux.

Les troubles immédiats sont étonnamment comparables, quelle que soit la culture, quel que soit le niveau socioculturel des parents. La violence spectaculaire affecte moins que la carence affective insidieuse, quand elle est associée. Le monde de ces enfants se caractérise par deux thèmes entremêlés : Pourquoi m'agresse-t-on ? Qui pourrait bien m'aimer ? Le malheur de l'enfant imprègne chaque minute de son existence, même quand le maltraitant est absent. Mais très peu de cliniciens tiennent compte du fait que les troubles du caractère d'un enfant peuvent longtemps évoluer dans une personnalité en cours de développement, alors qu'ils sont plus stables quand ils sont intégrés dans une personnalité adulte.

Pour se défendre, les enfants associent souvent l'agressivité à une maturité précoce. Ces deux traits de caractère entraînent des scénarios comportementaux qui leur permettent de s'adapter à un milieu qui les délabrerait s'il n'y avait pas ces défenses. Mais les sauvegardes coûtent cher. L'agressivité n'est pas correctement maniée. Un enfant bien stabilisé par un milieu sécurisant se laisse aller à la confiance, et sait riposter en cas d'agression, alors qu'un enfant carencé alterne l'inertie, le mutisme et l'hébétude, avec parfois une explosion de rage, injustement dirigée contre ceux qui tentent d'aimer l'enfant.

L'imaginaire des enfants de la guerre est peuplé de maisons qui explosent sous les bombes, de jambes arrachées autour desquelles ils dessinent soigneusement le rouge du sang et le coloriage des vêtements [63]. Comment pourraient-ils faire autrement ? Leur imaginaire est alimenté par les événements auxquels ils ont été rendus sensibles en les subissant. Pour cette même raison, l'imaginaire des maltraités est peuplé d'adultes méchants dont ils voudraient se faire aimer. Ce qu'on appelle sadisme est une fascination, une jouissance secrète de la souffrance infligée à ceux qu'on aime. Pour ces enfants, ce n'est pas un vrai plaisir puisque aussitôt ils se punissent du contentement qu'ils ont éprouvé. En fait, ils se donnent la preuve que ce n'est plus eux-mêmes qui sont maltraités. Il s'agit d'un espoir de libération bien plus que du plaisir de la souffrance infligée. Cette mise en scène maltraitante de l'enfant maltraité ne dure pas longtemps quand l'entourage les invite à s'exprimer autrement.

Pendant des années, le petit Serban n'avait connu, en Transylvanie, dans une grande salle de soixante lits, que le froid, la faim, les coups des adultes qui ne parlaient jamais aux enfants et les agressions sexuelles des « grands » et des femmes de service. À ces violences constantes il avait réagi par un état de prostration d'où il n'émergeait que pour manger le plâtre des murs ou lécher ses chaussures. Quand, à l'âge de douze ans, il a été recueilli par une famille du midi de la France, son épanouissement a été stupéfiant. En quelques mois, il a appris la langue, est devenu gai, explorateur et passionné par l'école, jusqu'au jour où une adorable institutrice est venue remplacer l'instituteur malade. Serban, tombé sous le charme, a aussitôt entrepris de la persécuter. Car ainsi il se prouvait que, grâce à l'amour qu'il éprouvait pour elle, il venait de cesser d'être un enfant écrasé. Il pouvait devenir écraseur à son tour. Après quelques jours de persécution, comme savent le faire les enfants, l'institutrice s'enfuyait pour pleurer dans le couloir et Serban, désespéré de voir ses yeux rougis, recommençait à s'automutiler comme il l'avait fait en Roumanie quelques années auparavant. Un sadique se serait délecté des larmes infligées. Serban en était désespéré et s'auto-agressait pour ne punir que lui et non pas la femme adorée.

Depuis qu'il a été reçu à l'agrégation de philosophie, Serban regrette encore aujourd'hui d'avoir fait pleurer cette femme qu'il ne reconnaîtrait pas, s'il la croisait dans la rue.

Cette évolution n'est pas rare, contrairement à ce qu'on dit. Les troubles de l'affectivité persistent longtemps puisque les enfants veulent séduire ceux qui les maltraitent et maltraitent ceux qui les séduisent. Mais l'idéalisation et l'intellectualisation se mettent en place très tôt et protègent les enfants. Paradoxalement, quand on les sépare de leurs parents maltraitants, on accentue leur idéalisation. Ils se mettent alors à rêver des parents parfaits qu'ils auraient tant voulu connaître.

Chaque vendredi soir, les riches parents d'Angelo enchaînaient leur petit garçon de dix ans sur son lit afin de partir tranquillement aux sports d'hiver. Il faisait tant de bêtises ! Le dimanche soir, quand ils rentraient bronzés, ils le libéraient et l'envoyaient à la douche en le battant. Il était tellement sale ! C'est la petite sœur qui, elle, était surprotégée, qui a révélé la tragédie aux voisins. Angelo a été enlevé à sa famille et confié à une institution. Vingt ans après, non seulement il ne se venge pas, mais il consacre tous ses dimanches à réparer et à entretenir la belle maison de ses parents. En fait, c'est une relation idéale qu'il répare, car il espère ainsi que ses parents, au retour de leurs vacances, seront émerveillés par ses travaux, et l'aimeront enfin. Cette stratégie affective permet à Angelo de se sentir mieux car il évite ainsi la haine et remplit son monde intérieur de rêves délicieux. Mais ce qu'il construit, ce n'est pas une terrasse, c'est un « faux-self » qui met en chantier dans le réel une relation inauthentique dont il éprouve un grand besoin. Pour réparer la carence affective de son enfance, il se fait maçon, alors que sa vraie personnalité le porterait plutôt à poser des problèmes de fond.

L'intellectualisation apporte des bénéfices plus réels. Face à une situation conflictuelle insupportable, le blessé cherche à comprendre. « Quand aucun danger ne nous menace, la stupidité est permise [64] », dit Anna Freud. Mais face au danger, nous sommes contraints à comprendre l'agresseur pour mieux l'affronter. Les blessés de l'âme ne peuvent échapper à cette forme d'intelligence, ils « transforment volontiers leurs problèmes personnels en problèmes mondiaux [65] ».

La recherche de l'abstraction est parfois dangereuse quand elle coupe du monde ou quand le blessé s'en sert pour humilier celui qui comprend mal. Mais cette défense est tellement valorisée par notre culture, et surtout par l'école, qu'elle apporte souvent de grands bénéfices.

D'abord, l'affectivité est restaurée. Ces enfants qui au cours de la maltraitance étaient hébétés par le malheur, dévalorisaient l'école qui ne prenait aucun sens pour eux, était même ridicule. Le théorème de Pythagore, comparé à ce qui attend l'enfant, le soir à la maison, est une absurdité. Apprendre les règles du participe passé est ridicule par rapport à la violence alcoolique du père. Mais dès qu'un adulte tisse avec eux un tout petit lien, ces enfants surinvestissent l'école. Quand les praticiens ne font que des observations ponctuelles au moment de la maltraitance, ils en concluent que ces enfants sont rendus idiots par le malheur. Ce qui est vrai. Mais dès qu'on sort des laboratoires et des services hospitaliers, dès qu'on recueille le devenir de ces enfants quand ils nous font le récit de leur histoire de vie, on découvre que « ces jeunes se sont beaucoup accrochés à leurs études [66] ».

Quand la famille est le lieu de l'horreur, l'école devient celui du bonheur. C'est là qu'on rencontre des camarades et des adultes qui parlent gentiment. C'est là qu'on joue à se socialiser et qu'on s'amuse à apprendre. Dans ce contexte-là, l'école devient un lieu de chaleur, de gaieté et d'espoir. Certaines cohortes d'enfants maltraités ont même obtenu des résultats scolaires meilleurs que dans une population témoin [67]. Quand elle prend la signification d'un moment de paradis dans un quotidien d'enfer, l'école permet la confluence d'un grand nombre de mécanismes de défense : le réchauffement affectif, la revalorisation de soi, l'idéalisation, l'intellectualisation, l'activisme, l'espoir d'une revanche matérialiste, gagner de l'argent contre la misère

donnent un courage morbide à ces enfants pour qui
l'obtention d'un diplôme devient le baume qui guérit tout :
« Je ne suis pas très bonne à l'école, mais je n'ai pas peur
de travailler. Pour moi, le bagne ce n'est rien. Et quand
j'aurai mon bac, je deviendrai assistante sociale. » Ce
genre de phrase n'est pas rare du tout dans leurs histoires
de vie.

Ces défenses nécessitent une main tendue, une rencontre
entre l'enfant blessé et quelqu'un dans l'entourage qui lui
permettra de reprendre le tricotage de son existence.
C'est pourquoi les études longitudinales permettent de
mieux évaluer le devenir des enfants blessés et de mieux
comprendre les moyens qu'on leur a fournis pour se restaurer. La notion de réparation, régulièrement employée, possède une connotation un peu trop juridique ou même
garagiste, alors que le concept de restauration décrit mieux
la résilience. Quand un tableau abîmé par les intempéries a
été restauré, c'est à une renaissance qu'on assiste, à un
embellissement, parfois à une métamorphose, car les couleurs redevenues belles et fraîches ne sont pas toujours
celles des origines. L'essentiel, dans ce cas, serait de
comprendre comment était le tableau avant l'intempérie et
comment on a fait pour le restaurer.

Le maillage d'un tricot n'est jamais linéaire. Il est même
régulièrement entrelacé, souvent même tordu quand on
veut le décrire. Quand, pendant les bombardements de
Londres, au cours de la Seconde Guerre mondiale, Dorothy
Burlingham et Anna Freud avaient étudié les troubles mas-
sifs des « enfants sans famille », elles n'avaient pas eu de
difficulté à établir des rapports de cause à effet entre la
perte affective précoce et les troubles immédiats qui
s'ensuivaient[68], la perte de poids, la petite taille, les
troubles des sphincters et le retard de langage.

À ceux qui disent « troubles précoces, effets durables »,
on peut répondre que les troubles précoces provoquent
des effets précoces, qui peuvent durer, si l'alentour familial
et social en fait des récits permanents.

René Spitz et John Bowlby furent les premiers à signaler les effets lointains d'une carence précoce. Ce genre de réflexion, habituelle chez les psychanalystes, n'est pas toujours accepté par notre culture qui pense souvent que « c'est du passé tout ça », comme si nous n'avions pas de mémoire, et comme si notre histoire n'agissait pas sur notre identité et nos décisions. La plus hostile à ces découvertes fut Margaret Mead qui déclara qu'il s'agissait simplement d'une manœuvre destinée à maintenir les femmes à la maison [69].

Aujourd'hui les positions sont plus nuancées. La pouponnière de Médan fondée par Émile Zola et les centres de « Dépôt des enfants » constituaient des orphelinats analogues à ceux de Roumanie, de Russie ou de Chine. Tous ceux qui pensent que les enfants n'ont pas besoin de milieu pour se développer les isolent dans de grandes bâtisses et provoquent ainsi une situation de privation sensorielle, affective et sociale où ces petits perdent toute possibilité de devenir humains.

Dès l'instant où l'on fournit à l'enfant quelques tuteurs de développement, les reprises évolutives sont tellement spectaculaires qu'il n'est plus possible de corréler les effets lointains à une privation précoce. Ce qui ne veut pas dire qu'il n'y a pas de traces au fond de l'organisme ou du psychisme de celui qui a été maltraité. Quand Serge Lebovici a suivi, de 1950 à 1980, vingt enfants élevés par des mères atteintes de dépression après l'accouchement, il s'est rendu compte qu'ils étaient très altérés, souffraient eux-mêmes de dépression chronique, de retard de développement et qu'ils sont tous morts avant l'âge de trente ans de suicides, « accidents » provoqués et maladies non évitées [70].

Ces enfants ont connu une évolution catastrophique parce que la souffrance de leur mère les a entourés d'une sorte d'écologie affective où ils n'ont pas pu se développer. Par la suite, il a suffi de les hospitaliser ensemble, à partir de 1970, pour que la mère, sécurisée et stimulée, redevienne spontanément capable de fournir à l'enfant les tuteurs de développement dont il avait besoin. Dès lors, les évolutions n'ont plus été catastrophiques.

Mais il faut distinguer les effets directs du traumatisme et les effets dus à la représentation du traumatisme. La petite Marie a survécu à l'immense fracas que sa mère lui a infligé quand elle s'est jetée par la fenêtre en l'emportant dans ses bras. Tout le monde était étonné par les capacités de récupération, la gaieté et les qualités relationnelles de Marie. Jusqu'au jour où l'enfant a expliqué qu'elle s'était penchée par la fenêtre et que sa mère était morte en voulant la rattraper. Les effets directs du traumatisme ont été facilement récupérés par un entourage généreux dans lequel la petite fille s'était facilement insérée. Auparavant, la bonne qualité de ses interactions précoces lui avait appris à tisser des liens gais et sécurisants. Mais dès qu'elle a pu se représenter la mort, elle s'en est attribué la faute puisqu'elle avait le sentiment d'être le centre du monde de sa mère et la cause de tout ce qui lui arrivait. Le bon tissage du lien précoce lui avait permis de réparer les effets directs de la tragédie. Mais cette même qualité de lien a fait germer en elle le sentiment d'être coupable de la mort de sa mère. On peut imaginer sans peine que cette culpabilité imaginaire organisera par la suite un grand nombre de scénarios relationnels probablement autopunitifs.

Le trauma a été réparé grâce à la qualité des interactions précoces et grâce à l'organisation sociale qui a donné à des adultes motivés la fonction de tendre la main à ces enfants. Mais la représentation du trauma a créé un style relationnel coûteux, jusqu'au jour où l'ancien blessé de l'âme utilisera cette culpabilité pour, à son tour, tendre la main à d'autres enfants blessés. Ce genre de raisonnement en tricot correspond mieux à l'étonnante variabilité que nous apprend la clinique. S'il est vrai que tous les enfants souffrent biologiquement et affectivement quand leur milieu familial est altéré, on remarque que ceux qui s'en sortent le mieux viennent de milieux sociaux favorisés[71].

Mais on ne peut plus tenir de raisonnement linéaire. On ne peut pas dire : « Ces enfants traumatisés par l'altération de leur milieu s'en sortent mieux grâce à la feuille de paie de leurs parents. » Dans un raisonnement résilient, il vaut mieux dire : « Quand ces enfants ont été touchés par le fracas, ils ont mieux tenu le coup, parce qu'auparavant les premiers étages de leur personnalité avaient été solidement construits par une écologie familiale confortable et sécurisante. » Ce qui revient à dire que certains milieux sociaux peuvent fournir une telle écologie familiale sans avoir une feuille de paie mirifique. Mais à cette réparation des effets directs du traumatisme, il faut ajouter la restauration des effets produits par la représentation du trauma. Le discours académique dit trop souvent : « Vous êtes foutus parce que vous avez été blessés au cours de vos petites années et que la science démontre que ce n'est pas récupérable. De plus, vous êtes issus de parents de qualité génétique inférieure. Et enfin, votre handicap social est tel que vous n'avez aucune raison d'espérer. » Alors, le traumatisme qui vient de la représentation sociale s'ajoute aux effets directs du traumatisme. À ceci près que, contrairement à ce qu'on récite actuellement dans notre culture, les effets biologiques sont souvent réparables tant la plasticité cérébrale est grande. Alors que les effets attribuables à un discours académique ne seront restaurés qu'à condition de changer le discours social, ce qui peut prendre quelques années ou quelques siècles.

Les deuils précoces accumulent ces deux natures du trauma. Quand l'écologie affective s'effondre parce que les parents ont disparu, l'enfant doit faire un énorme effort de rétablissement pour nouer quelques liens. Mais quand le discours social dit de lui : « C'est un pauvre orphelin. Il est foutu. Dans notre immense bonté, nous allons le mettre à l'Assistance pour en faire un garçon de ferme », la société ajoute une entrave psychosociale supplémentaire au développement de l'enfant. Cette double agression explique peut-être pourquoi ceux qui ont perdu leurs parents au cours de leurs jeunes années ont une probabilité quatre fois plus grande de faire des dépressions au cours de leur existence que ceux qui ont une enfance banale [72].

Mais qu'est-ce qui altère le devenir de ces personnes ? Les traces laissées dans le cerveau par la carence affective précoce ? Ou les représentations sociales qui confinaient les orphelins dans des statuts sociaux inférieurs ? Les traces cérébrales sont réparables, nous disent les orphelins roumains dont les scanners montrent le gonflement des ventricules et des cortex quand ils se remettent à vivre dans une famille d'accueil. Peut-être les troubles relationnels qui suivent l'isolement entraîneront-ils une carence en apprentissages sociaux ? Ils sont récupérables quand l'institution y croit et apprend à ces enfants les rituels de leur culture. Trop souvent les entraves infligées par l'idée que le discours social véhicule sur ces pauvres enfants les vouent à devenir des monstres, des débiles ou des délinquants. Cette dernière hypothèse est la plus probable puisque les orphelins précoces, qui ont pu nouer des liens dans une institution, avec une famille d'accueil ou même plus tard avec leur conjoint, révèlent qu'ils n'ont pas plus de dépression que la population témoin [73].

Une vulnérabilité affective peut se transformer en force affectueuse, à condition d'y mettre le prix.

Mais le tissage du lien prend, pour ces personnes carencées, une importance, une acuité qu'il n'a pas toujours pour ceux qui ont été suffisamment sécurisés et stabilisés par l'affection parentale. L'implication affective est vitale pour eux [74]. C'est pourquoi, après une période adolescente de quêtes affectives où les ruptures sont fréquentes tant l'enjeu les angoisse, on constate, une fois que le choix du conjoint a été établi, une stabilité conjugale supérieure à la population témoin. Dès que la peur de l'engagement définitif est dépassée, « à partir de vingt-cinq ans nous trouvons une régularisation de la situation. Cela marquerait peut-être la consolidation de leur personnalité et leur volonté de changer d'histoire personnelle et de vivre enfin une vie de couple que la majorité d'entre eux n'a pas connue [75] ».

La blessure affective des jeunes années les a rendus sensibles à ce type de lien au point qu'après une période de surinvestissement anxieux qui se manifeste par une peur de l'engagement, on constate une stabilité conjugale qui les sécurise et les renforce. À l'inverse, un enfant sécurisé au cours du développement de sa personnalité s'engage facilement puisque le lien est plus léger pour lui. Pour cette même raison, il se désengagera sans trop de peine si l'aventure conjugale le nécessite. Un blessé affectif, prêt à payer très cher pour garder la stabilité du lien qui le protège, sera glorifié par un discours social qui vante la durée des couples, alors qu'il pourrait être méprisé dans un autre discours qui privilégierait la carrière des individus.

Cet exemple de vulnérabilité affective, qui se transforme en force quel qu'en soit le prix, illustre la manière dont se tricote une résilience. Les enfants blessés peuvent devenir quand même des adultes épanouis, au prix d'une stratégie d'existence coûteuse mais adaptée.

Au moment des plus grands choix de notre existence – le choix du conjoint et le choix du métier –, l'accordage affectif des jeunes résilients dépend de l'accueil par la personnalité du conjoint et par l'acceptation culturelle.

Le surinvestissement affectif de ces jeunes qui provoque une peur de l'engagement explique le mariage tardif [76]. Mais quand le conjoint peut s'accorder à ce type de demande affective, le support marital devient un étayage puissant. Les jeunes filles élevées dans des institutions témoignent généralement d'une satisfaction maritale moins bonne que celle du groupe de comparaison. Mais quand on constitue un sous-groupe de jeunes filles qui ont surmonté leurs épreuves, on trouve régulièrement un mari attentif qui désirait aider sa future épouse dès qu'il l'a rencontrée [77]. Ce besoin de « mari supporter » était nettement moins grand dans le groupe de comparaison où les jeunes femmes sont parvenues à organiser leur existence, même quand leur mari ne les y aidait pas.

Quand on cherche à comprendre comment le conjoint a étayé son partenaire, on trouve une sorte de « contrat » qui les a réunis, un projet commun d'existence, un rêve fou à réaliser ou une recherche de sécurisation mutuelle.

Durant toute son enfance, Léonie avait été humiliée par sa mère qui ne manquait jamais une occasion de se faire

plaisir en disant à sa fille qu'elle était laide, peureuse, mauvaise élève, et qu'elle ne ferait rien de bon dans la vie.
Auguste n'avait jamais été un enfant vraiment malheureux,
mais l'instabilité géographique de ses parents l'avait empêché de tisser le moindre lien amical. Il se sentait toujours
« venu d'ailleurs ». Quand il a rencontré Léonie, il a aussitôt compris qu'enfin il deviendrait important pour elle et
qu'ils pourraient tous deux prendre racine sur un joli bord
de mer. Le contrat fut conclu et Léonie disait : « Auprès de
lui je me sens belle et intelligente. »

Les jeunes filles élevées en institution et malheureuses en
couple n'ont jamais passé un tel contrat de mariage. Leur
désarroi était si grand et elles se tenaient en si mauvaise
estime qu'elles ont accepté le premier prétendant. « Quand
on se noie, on s'accroche à n'importe quelle planche »,
disait l'une d'elles. C'est ce que fit Séverine. Personne ne
savait pourquoi elle avait été une enfant anaclitique dans sa
propre famille. Son mauvais développement s'était associé
à un net retard de langage et à un tic de raclage qui lui abî-
mait la gorge. Dès qu'elle fut mise en nourrice, vers l'âge de
cinq ans, elle revint à la vie, reprit du poids et se mit à parler si bien qu'après un baccalauréat brillant, elle a pu faire
de très bonnes études. Malgré ce rattrapage tout à fait résilient, elle gardait au fond d'elle-même une si mauvaise
estime de soi qu'elle a accepté l'offre du premier candidat.
Avant même de devenir son mari, Clément avait compris
qu'il pourrait mener une vie de vacancier tandis que sa
petite femme ne refuserait jamais d'aller au charbon.
Quinze ans plus tard, elle travaille sans cesse, s'occupe de la
maison et n'exprime pas la moindre amertume à l'égard de
son joueur de mari. « Je reste avec lui parce que, par
moments, il est gentil. Je ne l'aime plus du tout, mais je ne
peux pas le quitter. » Le choix d'un tel conjoint a fortement
abîmé sa résilience, alors que les femmes qui ont su rencontrer un mari étayant ont toujours refusé les candidats
déviants.

Dans l'instant du choix du conjoint, le social pointe son
nez. Les femmes qui ont rencontré un mari étayant
venaient presque toutes d'un groupe sécurisant, d'une insti-

tution qui avait su développer un fort sentiment d'appartenance, ou d'une famille d'accueil qui les avait hébergées
longtemps après leur vingtième année[78].

Le sentiment d'appartenance est une manière facile
d'avoir une bonne estime de soi puisqu'il suffit d'appartenir
à un groupe pour être fier de lui appartenir ! Tout ce qui
vient de nos proches est supérieur à ce qui vient de soi. Il
suffit donc d'appartenir à un groupe pour que même le vol
devienne un rite d'initiation, si notre prochain est voleur ;
pour que la réussite commerciale prenne plus de valeur que
le bonheur familial, si notre prochain le juge ainsi, et pour
que toutes les valeurs d'un autre groupe soient considérées
comme ridicules.

Tous les humains, quelle que soit leur culture, ont à
régler le problème de l'interdit de l'inceste. Ils doivent gérer
deux besoins contradictoires et pourtant associés : celui
d'appartenir pour se sentir étayé, et celui de s'autonomiser
pour être fier de sa liberté conquise. L'articulation, la
plaque tournante de ces deux besoins contraires est réalisée
par l'interdit de l'inceste qui permet de quitter sa famille
d'origine tout en continuant à lui appartenir. Ce mécanisme affectif et social règle la bonne distance. Mais quand
un jeune impulsif s'arrache à sa famille d'origine, il perd
l'étayage de son appartenance, et quand, pas assez impulsif, il ne s'en arrache pas, il ne conquiert pas la fierté de
devenir autonome.

Or, les jeunes qui ont été des enfants sans famille ont
beaucoup de difficulté à conquérir leur autonomie sociale.
N'étant pas étayés par un sentiment d'appartenance, étant
mal orientés par une culture d'alentour, ils ont à se déterminer par rapport à eux-mêmes. Comme ils se sentent
incertains, ils se laissent gouverner par ceux qui les jugent
et portent sur eux un regard défavorable. C'est pourquoi,
après leur majorité légale, beaucoup de jeunes sans famille
demandent à être immatriculés à l'Aide sociale à l'enfance
et retournent très souvent dans leur famille d'accueil[79]. Mal
étayés, mal mis en confiance, ils s'en éloignent mal : trente
pour cent acceptent les circuits d'une aide passive et reste-
ront assistés toute leur vie ; trente pour cent deviennent des

instables sociaux et affectifs. Leurs petits métiers, leurs petites affections traduisent leur peur de l'engagement qui mène à l'évitement de la profession qui plaît et de la femme qu'on aime, car ils pensent que souffrir d'un espoir déçu est plus douloureux qu'accepter une absence de rêve ; les trente pour cent qui s'en sortent n'ont pas peur de rêver et ont osé aimer.

Les deux choix les plus névrotiques de notre existence, le choix du métier et le choix du conjoint, donnent le thème de notre existence. Mais chaque rencontre est un virage, une période sensible à négocier entre l'histoire intime et le discours social.

Plus l'école orientera nos enfants et plus les institutions les prendront en charge, plus ces jeunes vulnérables auront du mal à s'en sortir, car un peu de désordre (ou en tout cas une absence de rigidité) laisse une place à l'inventivité. Si les idiots de village deviennent aujourd'hui des idiots d'institution, c'est parce que notre société les prend beaucoup en charge. Mais « plus » n'est pas « mieux ». Peut-être faudrait-il trouver une bonne distance sociale, comme l'interdit de l'inceste permet de trouver une bonne distance affective.

Les deux choix les plus névrotiques de notre existence, le choix du métier et le choix du conjoint, s'effectuent essentiellement lors de la période sensible de la jeunesse. Cette plaque tournante de notre existence exige un passé structuré par notre alentour affectif, pour nous orienter vers un avenir structuré par nos rêves. Dans ces deux moments du virage existentiel, c'est notre milieu d'accueil qui nous étaye et nous oriente. Quand le milieu d'accueil de l'enfance a dévalorisé l'école et l'aventure intellectuelle, les jeunes s'orientent plutôt vers les métiers du contexte (manuels ou commerciaux) et les fortes solidarités de groupe. Mais quand le milieu d'accueil a valorisé l'abstraction, les choix des jeunes sont plutôt névrotiques [80]. Ils s'orientent alors vers les métiers de la représentation artistique ou intellectuelle et vers des histoires de vie dont le sens est donné par des règlements de comptes familiaux ou sociaux : « J'ai

trop souffert de la misère, j'avais trop honte d'aller demander du crédit à l'épicier, j'étais mortifiée par mes chaussures trouées. Alors j'ai épousé un homme très courageux,
nous avons pris notre revanche sur la misère et aujourd'hui
j'achète à ma petite-fille les plus belles chaussures du
monde. Ma fille me dit que j'exagère, mais moi j'ai besoin
de lui acheter les plus belles chaussures. » La femme qui
m'expliquait son enfance misérable se consacrait à la réalisation de ses rêves revanchards avec un courage morbide.
Malgré sa générosité pour les belles chaussures, l'aventure
intellectuelle et sociale prenait pour elle une telle importance qu'elle privilégiait le développement de l'individu au
prix de la solidarité familiale. Si bien que, quand son entreprise a connu une très grande expansion, elle n'a pas hésité
à partir pour les États-Unis, loin de sa fille et du petit-
enfant qu'elle adorait. Sa conception de la solidarité familiale lui permettait de s'éloigner de ceux qu'elle aimait, ce
que ne font jamais les enfants façonnés par un milieu qui
privilégie le contexte et la proximité affective.

On peut prévoir le développement de ces deux stratégies
opposées d'existence : ceux qui croient au contexte et ceux
qui croient à la représentation. Notre culture actuelle vante
l'idéologie du soi et met l'éclairage sur ce qu'on appelle « la
réussite sociale » qui est en fait une réussite de soi dans la
société. Le sacrifice n'est plus ce qu'il était. Ce mot avait un
sens glorieux pour nos grands-parents pour qui il signifiait
« renoncement à soi pour le bien-être de tous ». Il a tellement évolué qu'aujourd'hui, il veut presque dire « floué ».

Une autre partie de notre culture, plus silencieuse, peu
exprimée dans nos discours publics, privilégie plutôt la
stratégie de l'immédiat. La réussite est honteuse, l'argent
est immoral. Seuls le contexte géographique et la solidarité
familiale méritent une mention vertueuse.

C'est la structure des milieux d'accueil, avant et après
l'adolescence, qui gouverne nos choix existentiels. On pourrait pratiquement prédire l'avenir affectif et social d'une
population de jeunes blessés de l'âme en étudiant les
valeurs de leurs institutions d'accueil.

En 1946, des villages d'enfants ont été constitués pour
accueillir ceux qui avaient perdu leur famille pendant la

guerre. Megève et Villard-de-Lans ont recueilli ainsi plus
d'un millier d'enfants sans famille. La région Rhône-Alpes
avait payé cher son courage lors de la Résistance et dix
pour cent des enfants de ces villages avaient eu leurs
parents fusillés. La « cité des orphelins » fut fondée alors
par de Croli (Bruxelles), G. Romanet et Yves Farges (acadé-
mie de Lyon). Son installation a été financée par les fonds
américains et suisses [81]. Sans cette institution, la plupart
des enfants seraient morts, devenus encéphalopathes ou
piliers d'asiles. Il s'agissait à l'époque d'inventer une nouvelle manière de prendre en charge des enfants sans
famille, parfois très abîmés. Les adultes structuraient le
milieu d'accueil avec des préoccupations d'adultes qui
avaient oublié les valeurs de l'enfance. L'uniforme, dans
leur esprit, signifiait « égalité » et « propreté », alors que
pour les enfants, il voulait dire « désignation aux yeux de
tous de la honte d'être moins que les autres ». La grande
cape bleue, le béret incliné sur le côté et le crâne rasé atti-
raient sur ces enfants le mépris social. Mais cinquante ans
plus tard, les quelques résilients que j'ai pu rencontrer
s'étonnent de la fierté qu'ils éprouvent d'avoir un jour porté
ces vêtements stigmatisants... et de s'en être sortis ! Dans
l'après-coup, dans le regard sur leur propre passé, les vêtements historisés par leur victoire sociale changent de sens
et tiennent un autre « discours » en devenant la preuve de
leur évolution favorable.

Une autre préoccupation des moniteurs fut de ne pas corrompre ces enfants pauvres qui habitaient dans le luxe des
hôtels réquisitionnés. L'enfant, plongé dans le cadre lumineux des hôtels de station et dans la vie confortable de cha-
lets modernes bien équipés, ne serait-il pas d'abord
désorienté puis aigri au contact de la vie réelle ? Aucun des
enfants accueillis dans ces institutions n'a gardé le souvenir
du luxe des lambris, des grandes salles et des beaux éclai-
rages. Ces valeurs d'adultes qui ne signifient rien pour les
enfants ne pouvaient même pas s'édifier en souvenir.

Ces contresens n'ont pas empêché les moniteurs de
défendre les intérêts de leurs petits protégés. Quand les
médecins de la station se sont opposés à la création de ce

village parce que « l'enfance pauvre » allait être privilégiée au détriment des vrais petits malades de classes aisées dont les parents devaient payer le *home* qui les accueillait, les moniteurs ont défendu les petits en témoignant déjà des étonnants « rattrapages de langage [...] On remarque une belle mentalité des enfants décidés à vaincre les difficultés naturelles que la guerre a accumulées sur leur famille [82] ».

En fait, on peut se représenter le milieu d'accueil comme un réseau, une trame organisant l'alentour de l'enfant.

À son arrivée, dans un *home* de Villard-de-Lans, Michel, âgé de sept ans, ne savait plus parler. Il se balançait sans cesse et s'auto-agressait à la moindre tentative de relation. Les progrès ont été fulgurants. En quelques mois, il avait rattrapé son retard de langage. Il faisait rire tout le monde avec les saynètes qu'il improvisait et avait décidé de devenir chasseur alpin. On lui avait annoncé que ses parents avaient été fusillés par les Allemands. Il n'osait pas dire qu'il était fier de leur mort. Jusqu'au jour où une grande et belle dame est venue lui rendre visite. Elle était très maquillée et portait une robe bleue, avec un grand chapeau blanc dont l'élégance excessive soulignait la misère des enfants. Chaque jour, ils devaient, au cours de la promenade obligatoire, marcher dans la neige pendant plusieurs heures. Mais les seules chaussures de l'aide américaine étaient des sandalettes dans lesquelles ils allaient pieds nus : « Une balade en montagne est plus formatrice qu'un thème latin », expliquait-on aux enfants quand ils pleuraient parce qu'ils avaient les pieds gelés ! La mère de Michel n'était donc pas morte ! Elle vivait à Lyon où elle faisait la fête. Au moment du départ, elle expliqua à l'enfant qu'elle ne pouvait pas le prendre avec elle, mais qu'elle reviendrait le voir plus tard. Le soir même, Michel redevenait mutique et auto-agressif.

Le tricotage de sa résilience avait bien commencé quand il avait été accueilli dans ce *home* et quand la fierté secrète de la mort de ses parents lui donnait une certaine estime de lui-même. Trouvant autour de lui une structure d'accueil favorable, il s'y épanouissait. Le discours des adultes de cette institution racontait qu'il fallait être gentil avec ces enfants, les endurcir dans la neige et les orienter vers les métiers manuels. Malgré les privations qui l'avaient altéré et expliquaient ses balancements autocentrés, le monde intérieur de Michel revenait à la vie. Mais la simple visite de sa mère avait changé le sens qu'il attribuait à ses épreuves. Il n'était plus un fils de héros. En une seule visite, il était devenu l'enfant abandonné d'une femme de mauvaise vie. Le soir même, son processus de résilience se détricotait.

Cet exemple permet d'illustrer à quel point les déterminismes humains sont à courte échéance. Une maille bien tricotée facilite la suivante, mais tout événement peut changer la qualité du maillage.

Il y a, bien sûr, des moments plus sensibles : les processus biologiques d'apprentissage sont plus vifs lors des jeunes années ; nous donnons à ceux que nous aimons le pouvoir de nous influencer et certaines situations mises en lumière par les discours sociaux nous servent d'étayage pour nous socialiser ou d'aiguillage pour nous marginaliser. Avec des bouts de laine biologiques, affectifs, psychologiques et sociaux, nous passons notre vie à nous tricoter.

Chaque rencontre est un virage. Ce qui ne veut pas dire qu'on peut se tricoter en tous sens, puisque, au moment de la rencontre, nous sommes déjà constitués par nos acquis et que le milieu avec lequel nous nous tricotons est lui-même constitué par ses récits, ses institutions, ses traditions et ses techniques.

Le choix du métier et le choix du conjoint nous ont fait comprendre comment l'individu se noue avec son milieu. Même le monde intérieur peut changer selon les rencontres : un mauvais élève peut surinvestir l'école dès qu'il rencontre un grand copain, bon élève qui lui sert de modèle, ou une institutrice qui par un simple mot ou une exclamation admirative peut réveiller un psychisme engourdi. Quand la majorité d'une population d'enfants abandonnés produit des délinquants, ça ne veut pas dire que la carence affective mène à la délinquance. Cela suggère plutôt que la société, en récitant que « tout enfant sans famille est une mauvaise graine », organise des circuits sociaux qui les tricotent vers la délinquance. Les gamins de

Bogotá « volent ici, [...] chapardent là. Ils se paient des fêtes en s'accrochant aux pare-chocs des voitures [83] », parce que, pour eux, voler et faire la fête constituent l'adaptation parfaite à la culture des rues. Un enfant des rues qui ne vole pas et ne fait pas la fête n'a pas une grande espérance de vie.

Le pouvoir façonnant du regard des autres.

Le devenir des enfants d'une institution révèle la manière dont une institution pense les enfants. Sur cent soixante-seize questionnaires adressés à des anciens pensionnaires pour savoir ce qu'ils étaient devenus dix ans plus tard [84], les grandes lignes ont été confirmées : mariage tardif, bonne évolution professionnelle vers des métiers du concret (bâtiment, commerce), difficile autonomie des enfants issus de milieux socio-économiques défavorisés qui retournent dans leur famille d'origine (soixante-dix pour cent) plus souvent que les gosses de riches, sentiment de bonheur suffisant (soixante-dix pour cent), moins de délinquance que dans la population témoin, moins de sport, plus de moto et moins de déménagements. Le devenir de cette petite population témoigne des efforts couronnés de succès de l'équipe éducatrice et du regard qu'elle porte sur ces enfants, comme si elle disait : « Il faut être généreux, attentifs, moralisateurs avec ces enfants. Mais ce n'est pas la peine d'être ambitieux pour eux, ils ont assez de problèmes comme ça. »

Une institution est structurée comme une personnalité, avec des murs et des règlements qui matérialisent la pensée de ceux qui ont le pouvoir. C'est là que les enfants blessés auront à se développer, autour de tuteurs étonnamment différents.

Louba a su créer des institutions qui ont recueilli des milliers d'enfants de parents déportés, parfois déportés eux-mêmes durant la Seconde Guerre mondiale [85]. L'effet pervertissant du luxe n'était pas la préoccupation majeure de ces maisons très pauvres, très simples, et parfois agrandies par des tentes de surplus militaires. Pourtant leurs enfants ont connu une sorte de luxe.

On estime à onze mille le nombre d'enfants disparus dans les camps, douze à seize mille ont été élevés par des proches et_six à huit mille ont été recueillis en collectivité après la guerre [86]. Or, il se trouve que c'est la « philosophie » de chaque établissement qui a orienté le devenir des enfants.

Soixante-dix pour cent de ceux qui « sont passés par ces maisons » témoignent que c'est une rencontre qui a changé leur destin. Pour beaucoup, la rencontre évoque le hasard, mais on sait aujourd'hui que le hasard de nos rencontres est fortement déterminé par l'élan du sujet vers son milieu. Certains enfants auto-centrés étaient trop abîmés pour rencontrer qui que ce soit. Il a fallu que les adultes aient le courage d'aller les chercher. Mais dès qu'ils ont été réchauffés, dès que la vie est revenue en eux, ils ont été avides des rencontres que le milieu pouvait leur proposer. Si bien que le tricotage de ces enfants réchauffés s'est fait selon des soutiens hiérarchisés que les enquêtes ont mis en lumière.

Le conjoint vient nettement en tête des rencontres heureuses (cinquante-cinq pour cent). L'étayage affectif, le sentiment de stabilité autorise enfin des projets de construction de soi. « La reconnaissance pour l'homme fort et âgé... le jeune autodidacte que j'admire toujours... la femme belle, intelligente et solide sans laquelle je n'aurais jamais pu devenir ce que je suis... » Les conjoints sont surinvestis à cause de la boulimie affective des blessés de l'âme. Une personne non blessée n'accepterait probablement jamais les efforts relationnels qu'ont faits ces jeunes gens, tant ils avaient besoin de l'affection de l'autre.

La famille, quand il en restait un peu, a été elle aussi surinvestie (trente et un pour cent). L'amitié (vingt pour cent) a pris une importance que ne soupçonnent pas les amis : « J'ai choisi de m'inscrire à la fac de lettres parce que à cette époque, j'étais ami avec Marc. Ses parents étaient enseignants et l'encourageaient à faire ces études. » Quand la famille vient à manquer, le déterminant des choix se fait par la famille de ceux qu'on aime, à ce moment-là.

Les éducateurs, les collègues de travail sont à ranger dans cette catégorie d'amitiés salvatrices : « Une institutrice à la retraite avec qui j'ai bavardé pendant un été de vacances... mon moniteur de la maison d'enfants... l'aumônier du lycée qui pour la première fois m'a parlé comme on parle à un être humain. »

Certains héros culturels possèdent, pour ces enfants, l'immense pouvoir de déclencher un virage existentiel : « J'ai parlé à Jean Marais et ensuite il m'a reconnue... François Maspéro, un soir, en Algérie, s'est confié à moi... Serge Klarsfeld, un soir, à Montreuil, en 1978... Ma sœur qui m'accompagnait m'a dit avoir vu le changement de mon visage [87]... » Les mouvements de jeunesse, les engagements politiques et sociaux, les soirées théâtrales ont offert à ces jeunes carencés d'heureux bouleversements.

Ces structures sociales sont très diluées aujourd'hui et les *rave parties* qui rassemblent trois mille isolés provoquent aussi des virages existentiels ; mais sont-ils salvateurs [88] ?

La religion a insufflé la vie psychique à neuf pour cent de ces enfants. La religion, pas une religion plutôt qu'une autre. « ... Ma rencontre avec Dieu un soir à Lyon... un représentant de la communauté juive de Paris... ma conversion au catholicisme... mon retour au judaïsme... » Le fait de ne pas avoir été imprégné au cours de son enfance par le Dieu de sa famille permet de rencontrer, quelques années plus tard, le Dieu de tous les hommes et non pas un dieu domestique.

Certaines institutions ont fortement orienté les jeunes vers l'Université, alors que d'autres l'ont négligée, témoignant ainsi de la puissance orientatrice de l'âme des éducateurs. Leurs valeurs intimes, même non verbalisées, ont influencé les choix existentiels des jeunes dont ils s'occupaient.

Ce n'est donc pas dans l'immédiat qu'il faut chercher la cause de nos choix, c'est dans l'histoire privée du blessé qui rencontre avec plus ou moins de bonheur l'histoire collective de son milieu. C'est dans l'alentour et dans l'antériorité qu'il faut chercher les déterminants de nos virages existentiels.

Ce n'est pas suffisant pour soutenir qu'un bon alentour ferait de bons enfants, ni qu'un bon développement intime donnerait des adultes équilibrés. Car le tricot change à chaque maille : un enfant bien développé peut s'effondrer dès la première épreuve existentielle, parce qu'il n'a jamais eu l'occasion d'apprendre à surmonter les coups du sort. Comme, à l'inverse, un enfant vulnérable peut donner sens à sa vie en surinvestissant l'affection, l'intellect ou la métaphysique.

L'enfant est une éponge affective. Mais il n'aspire pas n'importe quoi de son milieu. Son développement et son histoire le rendent sensible à un type de milieu qu'il va chercher. À chaque étape, sa sensibilité varie, puisqu'il ne cesse de se construire. À chaque moment les problèmes sont différents, même si l'identité du sujet donne un thème à la manière dont il éprouve son monde. « ... Personne ne m'aime... Je suis le beau ténébreux... C'est pas juste... Je suis un porte-malheur... Il va m'arriver quelque chose de merveilleux... »

Avec le même goût du monde, à chaque chapitre de notre histoire, nous avons à résoudre les problèmes de notre âge. Une maille à l'endroit pour notre passé et notre vie intime, une maille à l'envers pour notre culture et nos proches, c'est ainsi que nous tricotons nos existences.

CHAPITRE II

Soleils noirs
sans mélancolie

*« Tous les chagrins sont supportables
si on en fait un récit. »*

Il était une fois une petite fille de village, la plus jolie qu'on eût pu voir. Sa mère en était folle et sa mère-grand plus folle encore... On l'appelait le Petit Chaperon rouge. » Au XVIIᵉ siècle, Charles Perrault commence ainsi l'un de ses contes [1].

« En Alsace, aux environs de 1850, un instituteur accablé d'enfants consentit à se faire épicier [2]. » Quand Jean-Paul Sartre débute ainsi son autobiographie, il lui donne pour titre *Les Mots* afin de signifier qu'il ne compte pas dire le vrai, mais qu'il va faire un récit de ce qu'il pense être son histoire personnelle. Dès la première phrase, il donne une information sociale.

« Je suis née comme une chienne et je me suis faite reine », me dit Mme M. quand elle s'est présentée pour me raconter sa chienne d'histoire : sa mère morte en couches, violée par son père à l'âge de treize ans, placée dans une institution où elle a été terriblement maltraitée. Aujourd'hui, devenue une riche chef d'entreprise, elle poursuit : « Ma beauté est mon arme, ainsi que mon courage. » Puis elle m'explique comment, pour mieux se servir de ses armes, elle s'interdit toute affectivité.

Quel étrange besoin que celui de faire de sa vie un récit, et quel étrange plaisir aussi. « Tous les chagrins sont supportables si l'on en fait un récit[3]. » Face à l'horreur, on éprouve une double nécessité : la raconter ou la taire. Raconter son désastre, c'est le faire exister dans l'esprit d'un autre et se donner ainsi l'illusion d'être compris, accepté malgré sa blessure. C'est aussi faire de son épreuve une confidence qui prend valeur de relation : « Vous êtes la seule à qui j'en parle. » Il y a une transformation émotionnelle de son épreuve qui, dès qu'elle est partagée, change de forme. L'illusion de la compréhension vient du tiers, surtout s'il est éloigné. Il faut qu'il soit une pure représentation pour qu'on se sente bien compris. Quand on partage le quotidien de l'autre, on sait qu'il se trompe, que lui aussi a trop de chagrins et trop d'imperfections pour qu'on se confie à lui. Le père (celui qui décidait à l'époque des pères), le maître (celui qui savait tout à l'époque des maîtres) et Dieu (qui sait tout et voit tout) constituent des tiers parfaits pour entendre nos malheurs, nos misères inavouables et la prière de nos désirs.

Le lecteur idéal est lui aussi un tiers parfait. Puisqu'il est loin, il ne divulguera pas nos secrets. Puisqu'on l'idéalise, il nous comprendra à la perfection et, parmi l'armée des lecteurs qui liront ce livre, il y en aura bien dix qui sauront me comprendre et m'accepter, avec ma blessure.

Après l'angoisse de l'aveu, parlé ou écrit, on éprouve souvent un étonnant apaisement : « Voilà. C'est moi. Je suis comme ça, à prendre ou à laisser. » L'identité de l'autobiographe donne soudain un sentiment de cohérence et d'acceptation. « Je me suis présenté tel que je suis. Ceux qui m'aimeront désormais m'aimeront pour moi avec ce qui fait mon identité. Je suis celui qui... a failli mourir... a tué sa mère en naissant... a été délinquant... » Avant le récit, je me faisais aimer pour ma part socialement acceptable et je laissais dans l'ombre une autre parcelle de moi-même. Depuis mon récit, je me suis présenté, je me fais aimer pour ce que je suis, authentiquement et totalement.

Ce contrat entre l'auteur et le lecteur est souvent signé puisque le genre autobiographique se vend très bien.

Chaque éditeur reçoit un manuscrit de ce style tous les deux jours et trois cent cinquante sont publiés. Qu'il soit question de célébrités comme Elia Kazan, Françoise Dolto, ou Ingmar Bergman, ou d'un inconnu comme Pierre Jakez Hélias avant ses deux millions d'exemplaires [4], il s'agit toujours d'une vie quotidienne où le banal devient poétique, d'un scénario de roman populaire qui traite d'un seul thème : « Que je sois riche ou pauvre, célèbre ou inconnu, je vais vous raconter l'histoire de mes épreuves et comment j'en ai triomphé. » Mais ce n'est que lorsque l'adulte se sera épanoui malgré ses blessures que l'on pourra comprendre que, cinquante ans auparavant, il s'agissait d'un enfant résilient. Il faut interpréter le passé à la lumière du présent pour donner sens aux événements accomplis.

Zola, Hitchcock et Freud donnent les règles du genre.

« C'est une littérature du réel et de l'intimité », dit Jean Malaurie qui voudrait faire de ce genre un naturalisme littéraire à la Zola. Inspiré par la méthode expérimentale de Claude Bernard, Zola allait dans des cafés d'ouvriers ou dans des fermes, notait rapidement quelques « croquis littéraires » : comment sont-ils habillés, qui parle, que disent-ils, quelle est la forme des tables, qui dort dans un lit, qui dort sur la paille... ? Puis, quand il écrivait son roman, il utilisait ces touches de réel pour imprégner de vérité une thèse sociale [5].

Chacun de nous, en racontant sa vie, convaincu de ne pas mentir, pense au fond de lui-même : « Quelle histoire que ma vie ! Il m'est arrivé des événements extraordinaires. Je les trouve tellement passionnants que je vais vous les dire. Comme moi, vous allez être passionnés. » Cette simple formulation pose déjà un problème. Pourquoi toutes les histoires de vie sont-elles structurées comme un film de Hitchcock ? On voit le drame se préparer, parfois même on sait où et comment il se déroulera. La question qui nous captive est : comment notre héros s'est-il dépatouillé ?

L'histoire d'une vie est, elle aussi, structurée comme un roman : sachant que notre héros est devenu un chanteur célèbre, sachant qu'il vient de l'Assistance publique, comment a-t-il fait pour s'en sortir[6] ? S'il ne s'en était pas sorti, ce ne serait que sordide, une histoire de paperasserie ou de commissariat. Sachant qu'il s'en est sorti, le même récit devient un conte de fées social. C'est l'aboutissement, la conclusion, qui attribue un sens aux événements passés, grâce à quoi le sordide est devenu merveilleux.

Freud soulignait déjà que les patients fournissent des données superficielles qui ont plus une fonction de poudre aux yeux que de compréhension de soi : « L'incapacité où sont les malades d'exposer avec ordre l'histoire de leur vie [...] revêt aussi une grande importance théorique[7]. » C'est vrai que la plupart des patients amorçant leur travail psychologique s'appliquent à imprimer dans l'esprit du psychanalyste une image de soi qui mettra longtemps à s'effriter. Dans la vie courante, c'est encore pis, puisque au moins en psychothérapie les gens savent qu'ils ne seront jamais jugés. Là, dans ce lieu, ils peuvent dire ce qu'ils pensent.

Cette poudre aux yeux a une fonction importante : c'est un leurre qui, en nous aveuglant, nous permet de coexister. Si nous disions constamment ce qui nous passe par la tête, aucun couple, aucun groupe ne pourrait continuer à vivre ensemble. La brutalité serait quotidienne. Au contraire, l'amputation d'une part de notre personnalité permet la coexistence. Le handicap alors devient une métaphore de la vie en société. Or, le leurre de soi qu'on compose pour en imprégner l'esprit d'autrui ne fonctionne que parce que chaque partenaire de l'autobiographie, l'auteur et le lecteur, espère partager le même plaisir : « Je vais vous dire comment j'ai triomphé de ma tragédie, au cours de ma vie, en trois actes » correspond à : « Il va nous dire comment il a triomphé de sa terrible tragédie, et son récit va déclencher en moi une sensation d'horrible merveille. » Cet oxymoron n'est pas une contradiction, puisqu'il exprime que le lecteur éprouve une sensation de merveille en lisant une horreur, parce que cet événement répugnant ou destructeur connaît un épilogue heureux : malgré l'inceste qu'elle a subi, Barbara est devenue une grande artiste[8]. Claude Rhodain est aujourd'hui « conseil » de grandes multinationales, alors qu'à l'âge de sept ans, il a été abandonné sur un quai de gare désaffectée [9].

Or, l'épilogue du roman d'une vie, ce n'est pas la mort. La mort n'est que la fin de la vie, ce n'est pas la fin de l'histoire. Quand les premiers romans se terminent par une mort, c'est que leurs auteurs ont manqué d'imagination, c'est une fin facile. Le dénouement, au contraire du point final de la mort, met au clair une trajectoire embrouillée qui nous concerne tous puisque cette situation extrême parle d'une aventure qui pourrait bien nous arriver. La réussite de l'enfant pauvre, son épanouissement aujourd'hui, métamorphose ses souffrances passées. L'histoire de son malheur nous rassure et nous donne espoir puisque sa métamorphose est la preuve de sa victoire. Les marins pratiquent régulièrement le travail sécurisant de l'horrible merveille, eux qui savent si bien raconter des histoires terribles. La peur a pour fonction d'apprivoiser nos émotions tout en donnant quelques conseils : « La tempête était si forte que j'ai pensé mourir, lorsque soudain j'ai compris qu'en abattant le mât à coups de hache, la coque pourrait flotter sans se coucher sous les rafales. » L'horreur vient de produire un effet tranquillisant en donnant un code d'action contre la situation d'agression. C'est pourquoi les autobiographies sont des romans populaires qui donnent espoir en édifiant : instruire, porter à la vertu et construire.

L'objet « autobiographie » est une construction du passé, éclairé par le présent. Du moment où l'épreuve le bouscule, le blessé pourra témoigner. Mais pour en faire une autobiographie, il faut le recul du temps qui donne sens aux événements. Après chaque agression sexuelle, cette femme se réfugiait chez les bouquinistes des quais de la Seine. Aujourd'hui, devenue professeur de français, sa trajectoire nous fait comprendre à quel point la littérature a été une aide dans son désastre : « J'ai l'habitude de mourir. C'est la vie... L'existence m'a prévenue, au plus loin que remonte ma mémoire. Notre-Dame est ma chapelle. Les berges m'appartiennent [10]. » Ce n'est que dans l'après-coup que

l'auteur comprend le sens qu'ont pris pour elle les berges de
la Seine et l'effet protecteur de Notre-Dame et des bouquinistes.

Le traumatisme direct laisse des traces dans le cerveau, mais
elles sont réversibles. Alors que le souvenir est un récit
d'alentour.

Quand on raconte son passé, on ne le revit pas, on le
reconstruit. Ce qui ne veut pas dire qu'on l'invente. Ce n'est
pas un mensonge. Au contraire même, pour faire un récit,
on utilise les éléments du passé. Mais tout ne fait pas événement dans une vie. On ne met en mémoire que ce à quoi
on a été rendu sensible. Biologiquement, des informations
non conscientes façonnent notre cerveau et y laissent des
traces qui nous rendent sensibles à un type d'événements
plutôt qu'à d'autres. C'est le cas des enfants abandonnés
qui, lorsque l'abandon n'a pas été trop prolongé, manifestent par la suite un hyperattachement anxieux aux gens,
aux choses et aux lieux. Quand l'isolement affectif se pro-
longe, ces enfants, au contraire, deviennent indifférents [11].
La privation affective, au cours du développement de leur
personnalité, a laissé des traces, mais aucun souvenir. Personne ne sait pourquoi ces enfants sont tellement vulnérables à toute perte affective et tellement sensibles à toute
rencontre, manifestant souvent une véritable boulimie
affective. Ils ne se rappellent pas les périodes d'isolement :
« Je n'ai pas de souvenirs puisque je n'ai pas de parents »,
disent-ils quand ils n'ont pas rencontré de substituts affectifs pour réveiller leurs émotions.

Le problème est là : un événement ne peut faire souvenir
que s'il est chargé d'émotion. Un enfant isolé finit par
s'engourdir et ne rien mémoriser puisqu'il n'y a dans son
monde aucun événement susceptible de l'alimenter. De
même, un enfant trop protégé est lui aussi engourdi par un
confinement affectif qui empêche la sensation d'événement. À l'inverse, un enfant suffisamment entouré ne met
en souvenirs que les événements chargés d'émotion. Son
aptitude à vibrer peut venir des traces de son passé qui l'ont

rendu sensible à certaines circonstances, autant que son entourage qui les a soulignées.

La première mémoire est sensorielle. Elle laisse des traces dans le cerveau, alors que la seconde, celle des souvenirs, mise en lumière par l'entourage, s'inscrit dans la mémoire à long terme. Elle est entretenue et sans cesse révisée par les récits que l'enfant se fait à lui-même dans son for intime ou qu'il adresse à d'autres quand son discours est socialisé. Qu'il s'agisse de la mémoire tracée dans les neurones qui crée certaines aptitudes à éprouver l'événement, ou de celle inscrite dans les représentations privées, c'est toujours dans le cerveau que se marque l'empreinte du milieu. C'est lui qui crée le monde intime des émotions et du langage intérieur. Les enfants sans famille, ballottés d'une institution à l'autre, ne gardent aucun souvenir de leurs périodes d'isolement. Plus tard, leurs récits ne parlent que des rencontres, des moments activés, réchauffés par l'émotion. Ce qui ne veut pas dire qu'ils ne gardent pas de traces des moments difficiles.

Le petit Bernard, âgé de neuf ans, est un des rares rescapés d'Auschwitz. Sa maigreur est si grande que lorsque les médecins l'examinent après son rapatriement, ils commentent à haute voix les signes cliniques qu'ils découvrent et soulignent l'étonnante pointée en avant des épines iliaques, les os de son bassin. L'indifférence affective de l'enfant commence à s'estomper à son retour à Paris. Il est lui-même surpris, dans son désert émotionnel, par l'intensité des bouffées de joie, de colère ou de désespoir qu'il ne parvient pas à contrôler. Aujourd'hui, lorsqu'on fait des scanners aux enfants qu'un désastre social a isolés sensoriellement, on observe souvent une atrophie du cerveau limbique, siège de la mémoire et des émotions. Cette atrophie est réversible sous l'effet de la banalité éducative. En 1946, quelques encéphalographies gazeuses ont été pratiquées. Elles révélaient aussi l'atrophie réversible de cette zone du cerveau [12] qui explique en partie l'absence de contrôle émotionnel.

Mais une autre partie de nos émotions trouve sa source dans nos représentations. Quand le médecin, en palpant l'enfant, parle de la saillie des os de son bassin, le petit Bernard éprouve devant cette horreur un étonnant sentiment de tendresse et de fierté, parce que la phrase du médecin évoque chez l'enfant la saillie analogue des os du bassin de ses parents, juste avant leur disparition. Par cette représentation d'image (le creux derrière l'avancée des os du bassin), l'enfant éprouve le sentiment de s'inscrire dans la lignée de ses parents disparus et de ne pas les trahir en survivant. « Je suis comme eux. Je leur ressemble. Je les continue. Je ne les trahis pas. Je peux donc survivre sans trop de culpabilité. » Un fait horrible, frôlant la mort, a créé dans le monde intime des représentations de l'enfant un sentiment de tendresse et de fierté affective. Mais si l'enfant avait raconté son monde intérieur, les auditeurs l'auraient certainement considéré comme fou parce que son discours intime était à cent lieues du discours social. Après la guerre, les adultes faisaient taire ces enfants en leur disant : « Nous aussi, on a été privés de chocolat, et en plus on s'occupe de vous. Donc, vous n'avez rien à dire, petits ingrats. » Aujourd'hui, un tel discours de tendresse et de fierté provoqué par une horreur serait encore inracontable, puisque la tentation de l'innocence [13], le discours actuellement normal et moral, nous pousse à réciter qu'après une telle horreur il est convenable d'en souffrir toute sa vie. À quoi répond un autre discours : « Tout ça est exagéré. L'enfant a certainement attrapé les oreillons dans la campagne d'Auschwitz qui était bien froide. » L'enchaînement des faits dans le réel a imprimé dans la mémoire de l'enfant quelques représentations indicibles, dissociées des discours publics.

Mais il faut aussi remarquer que ce qui alimente la mémoire de Bernard, ce n'est pas la souffrance au jour le jour, c'est la représentation théâtrale qu'il se fait de son passé. Je dis bien « théâtrale » parce qu'il choisit dans son passé quelques éléments d'événements réels dont il se fait une représentation, destinée à lui-même, dans son langage intérieur. Il a métamorphosé sa souffrance en œuvre d'art, en théâtre intime.

Si le petit Bernard avait pu écrire ce qui remplissait sa vie quotidienne à Auschwitz, il aurait noté la morsure du froid, le malaise de la faim, la torture des coups et l'attente de la mort qui devait suivre celle de ses parents. Dans ce contexte innommable survenaient quand même de minuscules bonheurs : une cuillerée de soupe diluée supplémentaire donnée par un inconnu, ou un instant de réchauffement au contact d'un autre, le besoin de comprendre et les étonnants éclairs de beauté dans un univers immonde dont témoignent ceux qui ont subi ce genre d'épreuve. Voilà ce qui faisait événement au jour le jour.

Mais après l'événement, ce qui est resté dans sa mémoire, ce sont les images qui, dans un autre contexte, ont pris un autre sens et une autre fonction. Il s'agissait de se faire de soi la figure et le récit, la mise en scène de ce qui était arrivé et, quand c'était possible, d'en faire une narration adressée à un autre. Ce qui prenait sens dans la mémoire du petit Bernard, ce n'était plus le froid, ni la peur, ni les coups souvent mortels, c'était la saillie de l'os iliaque qui voulait dire, dans son récit intime : « Je suis plus fort que la mort, et je n'ai pas trahi mes parents. » Cette image sémantisée (la saillie de l'os de la hanche), comme une publicité qui en une image et deux mots véhicule un contenu fort, devenait une partie constituante de son identité narrative, comme s'il avait dit : « Je suis celui qui a subi la mort et en a triomphé. J'ai raison d'être fier et fort, malgré mon immense blessure. » Or, ce discours intime n'est pas communicable. L'enfant parvient à comprendre, grâce à des images, ce qu'il a du mal à traduire en mots. Quant à l'adulte, il ne peut pas concevoir un monde si contrasté.

Ce que nous apprend le cas du petit Bernard, c'est que les événements n'auraient été qu'une série de bombardements d'informations si l'enfant n'avait pu les ordonner et leur donner un sens au moyen d'un récit. Mais notre histoire n'est pas la même selon que l'on s'adresse à soi-même, à une femme qu'on veut séduire, à sa famille qu'on veut préserver ou à un courant social qui ne sait entendre qu'un seul type de récit normo-moral.

La vie n'est pas une histoire. C'est une résolution incessante de problèmes d'adaptation. Mais la vie humaine, elle, nous contraint à en faire une histoire pour éviter de la

réduire à une série de réactions de défense pour la survie.
Si le petit Bernard avait pris des notes au jour le jour,
comme l'a fait Ana Novac, enfermée à Auschwitz à l'âge de
quatorze ans [14], ce n'est pas un récit qu'il aurait consigné,
mais une série d'événements contextuels non liés. Il aurait
alors décrit le malheur de vivre mêlé à l'étrange bonheur
douloureux de survivre. Comment dire à un être normal :
« J'ai failli mourir de la faim, de la souffrance des coups et
du malheur incessant, mais j'étais fier et attendri par la
saillie des os de mon bassin » ?

Le passé n'est pas simple. Pour que le petit Bernard attribue à la saillie des os de son bassin dans un corps d'une
maigreur effrayante la signification d'une filiation, il faut
qu'il soit capable de vivre dans un monde de représentations. Pour cela, il faut qu'il dispose d'une mémoire et d'un
alentour. Il faut qu'il puisse comparer la saillie de son
iliaque avec celle de ses parents, et se dire dans son langage
intérieur : « J'ai la même avancée de l'os qu'eux... je suis
comme eux... je m'identifie à mes parents grâce à leur
image dont je dispose dans ma mémoire. Je les ai aimés. Je
ne les trahis pas puisque aujourd'hui encore, je suis comme
ils étaient hier. Je les continue. » Ce sentiment de filiation,
dû à une horreur, développe dans l'esprit de l'enfant un
goût pour la loyauté qui le prépare à la fierté de soi dans un
monde immonde.

On ne peut pas dire qu'une agression psychique provoque une altération psychique, comme en mécanique.
Mais on peut dire qu'une agression provoque une altération
selon le sens qu'elle prend dans notre passé et notre alentour. Chacun d'entre nous, ayant une histoire et un
contexte familial et social différent, face à une même agression éprouve un sentiment différent. Or, le sentiment est
une émotion provoquée par une représentation qui dépend
de ce qui est historisé dans notre mémoire. Si le petit Bernard n'avait pas connu ses parents avant l'agression, il n'en
aurait pas de traces dans sa mémoire et la saillie de l'os
n'aurait pas pu prendre sens, puisqu'il n'aurait pas
comparé son os à celui de ses parents. À l'inverse, s'il avait
connu pour eux une affection étouffante, l'os aurait pris un

sens différent : « Je suis comme mes parents, moi qui
aurais tant voulu m'en différencier. Je déteste la saillie de
mon os qui me fait leur ressembler. » Si l'agression avait
duré plus longtemps, Bernard aurait été à nouveau soumis
à l'immédiat : souffrir moins, se protéger tant bien que mal,
avaler un peu d'eau, respirer encore. Mais le plus souvent
l'os prend un sens non dit, révisé en secret dans son monde
intérieur, mais jamais exprimé. Car c'est l'alentour qui fait
taire l'enfant : « Tu n'as rien à dire. Nous aussi on n'avait
pas de pain blanc pendant la guerre. » Il ne reste à l'enfant
qu'un récit intérieur, une sorte de secret, ou plutôt un non-
dit qui se développe au fond de lui-même, sans pouvoir être
exprimé clairement. Le clivage de la personnalité est en
grande partie attribuable aux réactions de l'entourage.

Certains enfants sortant des camps ont été recueillis par
des institutions dont le discours a donné un sens différent à
la même agression : « Tu étais comme un squelette. Tu res-
semblais à tes parents quand ils ont disparu. Tu te balan-
çais sans cesse. Tu te mordais quand on t'adressait la
parole. Et regarde, aujourd'hui, les progrès que tu as faits.
Tu parles. Tu étudies. Tu auras besoin de beaucoup de courage pour réparer la mort de tes parents. » Dans ces institu-
tions-là [15], le clivage des enfants a été amoindri en quelques
mois. Quand l'occasion se présentait, ils racontaient leur
histoire, ni plus ni moins. Mais l'opportunité se présentait
rarement car peu d'adultes sont capables d'entendre un tel
récit. Alors un grand nombre de ces enfants sont devenus
romanciers, comédiens ou gens de théâtre. Là, ils ont pu
raconter une histoire, analogue à la leur et socialement
acceptable. L'art est devenu pour eux une suture, une cou-
ture, un raccommodage entre les deux parties déchirées de
leur personnalité. On peut toujours parler de soi, à condition de ne jamais dire « je ».

*La « rage de dire » permet de faire
une autobiographie sans jamais écrire « je ».*

Comment faire autrement ? La rage de dire sa vie
s'exprime forcément. Et quand le sujet ne peut pas le dire

avec des mots, il le communique différemment, par un engagement dans la défense des femmes qui (comme moi)... ont été violées, par l'aide aux enfants qui (comme moi)... ont été battus, ou plus simplement par une opinion banale qui, en fait, laisse échapper un renseignement auto-biographique : « J'aime les mauvaises soupes, trop diluées (comme celles qu'on recevait à l'Assistance publique, et je m'étonne de ce plaisir) » ou « Dans le film de Truffaut *Les Quatre Cents Coups*, je pense souvent à la séquence où les enfants s'enfuient du groupe en promenade en se cachant dans les portes cochères (j'ai connu exactement le même événement près du cirque Médrano et de la rue des Martyrs) ».

Toute opinion est autobiographique puisqu'elle révèle notre sensibilité au monde, mais c'est notre alentour qui nous rend sensibles à un type d'informations. C'est pourquoi, lorsque Jean-Paul Sartre commence son autobiographie par « En Alsace, aux environs de 1850, un instituteur accablé d'enfants consentit à se faire épicier [16] », il dit de manière élégante ce que nous disons tous quand, pour parler de nous, nous écrivons comme Georges Perec : « Je suis né le samedi 7 mars 1936, vers 9 heures du soir, dans une maternité sise 19, rue de l'Atlas, à Paris, XIXe arrondissement [17]. » Le premier renseignement donné sur nous-mêmes commence par un événement qui ne peut pas être inscrit dans notre mémoire mais qui nous est fourni par une organisation sociale. Sartre commence le récit de lui-même par un énoncé qui vient de sa famille, consigné dans les archives. Peut-être est-ce vrai ? Peut-être un mensonge, un « message de singe [18] », comme une imi-tation, l'énoncé d'un autre repris à notre compte. De toute façon, une biographie commence toujours par une mémoire extérieure à soi-même.

Cet aspect relationnel de la mémoire caractérise tous les récits de soi. Quand Georges Perec tente l'aventure d'une plongée intérieure dans *W ou le souvenir d'enfance* [19], il ne parvient pas à finir son livre tant la douleur est grande. Il souffre trop de disséquer la disparition, livre dédié à la voyelle E (= eux = mes parents disparus). Même le dire est douloureux : il ne peut dédier ce livre de souvenirs d'enfance qu'à une voyelle qui les évoque. Mais évoquer dans la solitude une image, une photo, un souvenir réel, ramène à la conscience la douleur d'un deuil permanent puisqu'il ne leur a jamais dit « adieu ». Il ne se résigne pas à leur mort, puisqu'il ne sait pas s'ils sont vraiment morts. Cette douleur permanente, enfouie sous les activités quotidiennes se ravive dès qu'il y plonge seul, quand il regarde pendant des heures la photo de son père.

Et pourtant, ces souvenirs enfouis dans nos mémoires ont été tracés par l'émotion d'un autre. Même les souvenirs engourdis sont relationnels. « Longtemps j'ai cru que c'était le 7 mars 1936 que Hitler était entré en Pologne. Je me trompais de date ou de pays, mais au fond ça n'avait pas une grande importance. Hitler était déjà au pouvoir et les camps fonctionnaient très bien. » D'emblée, Georges Perec commence son autobiographie par des souvenirs contextuels : des renseignements administratifs précis jusqu'à l'absurde, « 7 mars... 9 heures du soir... maternité sise... XIXe arrondissement ». Mais cette précision inutile prend sens dès qu'elle se charge d'une connotation sociale : « Longtemps j'ai cru que c'était (le jour où)... Hitler était entré en Pologne. » Comme si Perec nous disait, en associant les deux souvenirs contextuels de sa date de naissance et de l'invasion de la Pologne : « Je suis né sous le signe de la mort. Ma date de naissance est poinçonnée par la signification que mon alentour a attribuée à l'événement de ma naissance : la persécution. » Ce faux souvenir dit le vrai.

C'est difficile quand on a six ans d'être condamné à mort. Lorsqu'un enfant l'accepte, il manifeste des conduites de résignation qui prennent curieusement l'apparence d'une prise de risque : il traverse la rue sans aucune précaution, perdu dans sa brume intérieure, il plonge volontairement dans des rivières à tourbillons, il tente des escalades au-dessus de ses moyens. Pour lui, se laisser aller à la mort acquiert un effet tranquillisant. Les mélancoliques connaissent bien ce curieux effet quand, seuls, torturés par l'imminence de vivre, ils se sentent apaisés dès qu'ils organisent leur mort. Le simple scénario comportemental des médicaments accumulés et du testament écrit leur permet de se signifier à eux-mêmes, non verbalement, avec quelques objets disposés autour d'eux : « Il y a donc une solution à ma souffrance. » Ce côtoiement de la mort qui apaise les mélancoliques et les enfants condamnés est très différent de la passion du risque des enfants trop protégés. Les petits assistés jouent avec la mort en mettant en scène des ordalies à grand spectacle dont l'effet psychologique leur permet d'arracher la preuve de leur valeur grâce à l'épreuve du risque [20]. « Je sais ce que je vaux depuis que j'ai le courage de me battre avec les policiers chargés d'assurer l'ordre après un match de football. » Ce façonnement sentimental par une mise en scène ordalique explique l'étonnant clivage de sages fonctionnaires, d'étudiants appliqués ou de riches antiquaires qui soudain se métamorphosent en voyous que rien n'arrête. Les enfants carencés, eux, se mettent à l'épreuve dans l'intimité, ils n'ont pas besoin de témoins mais le côtoiement de la mort leur permet de se signifier : « Si elle gagne, c'est normal. Mais si je survis, c'est que je suis plus fort qu'elle. » Alors ces petits résignés éprouvent une étonnante sérénité.

Très souvent, les enfants qui vivent dans la mort réelle de leur famille et dans l'imminence de leur propre mort ressentent un surgissement intérieur qui les sauve : « Je vais le dire... poussé par une nécessité impérieuse, persuadé que les événements dont j'ai été le témoin doivent être révélés et mis en lumière [21] », comme le dit Perec.

Voilà le mode de résistance le plus habituel chez les enfants violentés. Il explique que la persécution est le plus sûr moyen de renforcer une idée.

Quand le récit de soi devient une déclaration affective,
l'auditeur peut aimer cet aveu ou en être gêné.

Mais ce récit, il faut bien l'adresser à quelqu'un qui va l'entendre ou le lire. Dans un premier temps, l'histoire du fracas met l'enfant hors culture : « Tu as été condamné à mort à l'âge de six ans... tu as été violé par ton père de dix à quatorze ans... tu as été délinquant parce que tu étais un enfant des rues », ces mots ne s'entendent que dans leur langage intérieur. Leur premier bénéfice, c'est de participer à la construction de l'identité de l'enfant : « Je suis celui qui... » Mais cette identité est une identité secrète, marginale, indicible qui provoque le clivage de la personnalité : une partie transparente sociale et souvent gaie masque une partie noire, secrète et honteuse. Le simple fait de le dire et de l'écrire raccommode les deux parties du moi divisé. Georges Perec a expérimenté cette idée quand il a écrit *Je me souviens* [22], un livre curieux composé de quatre cent quatre-vingts phrases énonçant chacune un souvenir banal : « Souvenir 35 : je me souviens du match Cerdan-Dauthuille. – 44 : je me souviens de l'émission de Jean Lec : le grenier de Montmartre. – 62 : je me souviens des scoubidous. – 142 : je me souviens qu'Alain Robbe-Grillet était ingénieur-agronome. – 382 : je me souviens de la colombe de Picasso, et de son portrait de Staline. »

Il nous est arrivé à tous de jouer à « Je me souviens ». Il en résulte un sentiment d'euphorie qui s'explique par l'échange des souvenirs et la convivialité que provoque le partage du quotidien. Quand Sami Frey, en 1988, en Avignon, pédalait sur scène en récitant des « Je me souviens », chaque souvenir évoquait chez le spectateur un événement passé (« C'est vrai, moi aussi, je me souviens ») et le partage de ces banalités créait un étonnant sentiment de proximité affective entre tous ceux qui avaient connu les mêmes « Je me souviens ».

Le simple énoncé des événements passés acquiert un effet de régulation affective, de communication euphorique si l'on partage les mêmes souvenirs : « Tu te souviens quand on allait voler de l'Izarra, cette liqueur jaune ou verte, dans la cave de ton père et qu'on y ajoutait un peu d'eau pour lui garder le même niveau ? » On éprouve une tendresse pour ceux avec qui on a partagé les mêmes épreuves : « Tu te souviens quand on achetait une baguette de pain pour la saucer dans la petite boîte de sardines qui constituait notre repas ? » On accepte mieux l'autre quand il a bien voulu tout simplement entendre notre récit. Même quand on n'a pas partagé les mêmes événements, dès que l'on s'est confié, on se fabrique une histoire commune, comme un futur souvenir, et c'est une relation intime qui commence.

Dire les choses, c'est les éprouver encore une fois, mais d'une autre manière. C'est faire revenir une émotion attribuée à l'événement, mais ce n'est déjà plus celle ressentie au moment où il s'est produit puisqu'il faut l'évoquer et la remanier pour l'adresser à quelqu'un, la partager avec un auditeur ou un lecteur. La confidence tisse un lien affectif qui explique l'intensité de l'attachement qui s'ensuit : « Ce que je viens de vous confier, je ne l'ai dit à personne d'autre. Désormais je suis à votre merci par l'intimité amoureuse... ou par la haine, car vous me tenez. »

Faire le récit de soi, ce n'est pas rien. Les mots utilisés pour se mettre en scène ne sont pas des codes inaffectifs, comme l'énumération administrative d'une série d'objets ou d'événements. L'enjeu politique du récit de soi est énorme : sauver Narcisse. L'effet affectif est important : il tisse un lien d'intimité avec l'auditeur. Et surtout, il supprime le clivage. Comme si le locuteur disait : « Jusqu'à aujourd'hui, je n'exprimais que la partie transparente de moi, la plus socialisable selon les conventions de notre culture. Je me faisais aimer par la partie aimable de moi. Et je taisais la partie douloureuse, pas vraiment secrète mais plutôt mise à l'écart, de ma personnalité. Désormais, en mettant au jour toute mon histoire, je demande qu'on m'aime tel que je suis. »

On peut entendre une telle déclaration affective et l'apprécier. On peut aussi en être gêné. Il s'agit de deux stratégies relationnelles totalement différentes. Aimer l'histoire de la vie de l'autre, c'est accepter une relation intime par récit ou livre interposé. À l'inverse, ceux qui sont gênés par l'aveu, et éprouvent une sensation d'impudeur (« Il se met à nu ») témoignent d'une intention de n'établir leurs relations que par les circuits sociaux convenables. Ils se protègent d'une rencontre intime avec l'auteur derrière la convention des stéréotypes sociaux. « Je » n'existe que par le « on ». Quand le moi est fragile, le nous sert de prothèse. Ce cadre identitaire est très agréable, car il permet la communion en adorant la même idole et en récitant les mêmes litanies. Mais l'individu n'a le droit de s'exprimer qu'en tant que membre de cette communauté. Le sentiment d'appartenance est délicieux mais il mène à l'amputation de l'individu et au mépris de ceux qui adorent d'autres idoles et récitent d'autres slogans.

Le récit de soi, au contraire, c'est le baume de Narcisse, la plénitude de l'individu qui, presque toujours quand il s'épanouit, raconte les souffrances infligées par la société : « Je hais les généraux, les juges, les flics et les curés parce qu'ils valident cet édifice social qui protège hypocritement mon père », écrit Joël Arès devenu universitaire et écrivain après avoir connu une enfance terrible, orphelin de mère et violé par son père [23].

Ceux qui aiment les autobiographies et ceux qui ne les aiment pas révèlent par ce choix deux politiques existentielles totalement opposées : ceux qui goûtent les relations intimes et relativisent la pression sociale s'opposent à ceux qui ne se sentent à l'aise que dans les cadres institués.

Tout souvenir intime est une rencontre deux fois socialisée. Lors de la première socialisation, notre mémoire est imprégnée par le milieu écologique qui laisse des traces dans notre cerveau. La seconde socialisation se fait par l'événement qui ne peut devenir un souvenir que s'il est chargé d'émotion par notre entourage. Les enfants isolés n'ont pas de souvenirs, alors que l'isolement laisse des traces dans leur cerveau. Et les adultes à qui on donne des bêtabloquants ou des antidépresseurs n'élaborent pas de souvenirs tant qu'ils prennent ces substances qui empêchent l'émotion [24].

Ce n'est que lorsque nous sommes devenus adultes que nous pouvons choisir dans notre passé les événements significatifs qui prennent sens, à la lumière de ce que nous sommes devenus et selon la personne à qui nous nous adressons. Tout souvenir est un dialogue entre ce que le milieu a tracé au fond de nous et ce que nous voulons révéler de nous-mêmes aux autres. Un récit est une représentation de mots qui raconte un enchaînement d'événements significatifs. Dire son histoire crée un sentiment de soi cohérent. C'est une réconciliation entre les deux parties du moi divisé. Le Moi socialement accepté tolère enfin le moi secret non racontable. Le sujet parle enfin de lui et s'exprime dans sa totalité, comme s'il disait : « Le coup que j'ai reçu a provoqué le recroquevillement d'une partie douloureuse de ma personnalité. Je ne pouvais exprimer que la partie saine, celle que les autres acceptaient d'entendre sans malaise. Aujourd'hui, je me suis rendu riche artisan, écrivain ou avocat. Cette réparation socialement acceptée me donne assez de distance et de souveraineté pour enfin exprimer ma personnalité. Dès l'instant où je redeviens entier, en disant simplement ce qui m'est arrivé, je me pose moi-même face à l'autre. J'entre en relation totale. Je ne suis plus divisé en une partie claire et une autre fantomatique. » La mémoire de soi, deux fois socialisée, alimente notre récit qui est lui-même une rencontre, une négociation entre le parleur et celui qui l'écoute.

L'historisation est un processus qui soigne et qui est nécessaire à la construction de toute identité individuelle ou collective. Je sais qui je suis, comment je réagis, ce que j'aime et ce dont je suis capable, en faisant le récit de mon histoire intime. Nous savons qui nous sommes, ce qui caractérise notre groupe ou notre nation, en faisant le récit des hommes que nous admirons, en racontant nos merveilleuses victoires et nos douloureuses revanches.

Quand la mémoire devient abusive, nous demeurons prisonniers
de notre passé comme dans les syndromes post-traumatiques,
ou soumis à la propagande des sociétés totalitaires.

Mais pour un rien, pour un mot, pour une image, ou une idole, l'historisation nécessaire peut devenir abusive. L'exemple le plus démonstratif de mémoire abusive nous est fourni par le syndrome post-traumatique. Pendant des décennies, le blessé de l'âme à chaque crépuscule, à chaque diminution de vigilance, voit surgir à nouveau, comme dans un cauchemar éveillé, la scène de la tragédie.

Il met longtemps avant de se rendre capable d'en parler puisque la culture presque toujours le fait taire. Alors, il est soumis à une douleur secrète qui l'use en silence et personne ne comprend pourquoi il est fatigué, insomniaque, irritable et souffre de tant de malaises imprécis.

Toute histoire est une négociation sociale. Mais dans le syndrome post-traumatique, le sujet est innocent. C'est le milieu qui le bouleverse et s'imprègne dans sa mémoire. Mais l'historisation permet un travail de reconstruction intentionnelle.

L'intentionnalité de la mémoire privée vise à soigner le blessé et à l'identifier : « Je suis celui qui a vu au Chili ses parents torturés sous ses yeux. Un jour, plus tard, j'aurai la peau des bourreaux. » Le blessé a raison de se défendre, mais il suffit d'une rencontre ou d'une simple phrase pour qu'il se serve de son histoire afin d'agir sur l'autre, de le culpabiliser ou de moraliser sa vengeance. Quant au groupe auquel il appartient, il transforme presque toujours la tragédie en outil qui vise à manipuler l'opinion publique. Alors, l'historisation devient une hache de guerre, car tout peuple peut toujours déterrer un souvenir. L'histoire prend dans ce cas une fonction de justification ou de démonstration édifiante, une leçon de morale politique, un programme d'action à venir, masqué par l'alibi du passé.

L'aspect intentionnel de la mémoire publique est parfaitement illustré par tous les candidats au pouvoir qui cherchent à contrôler les fabricants d'histoire : « [...] l'Église décide d'instituer un système de censure dès que le livre, avec le développement de l'imprimerie, devient un danger pour son enseignement. La curie romaine, en 1622, invente le néologisme *Propaganda fide* afin que certaines techniques d'images, d'événements et de récits permettent la diffusion de la foi. Napoléon cherche à contrôler les écrivains afin qu'ils ne parlent que de la condition citoyenne créée par l'Empereur. Le parti socialiste, au début du xxᵉ siècle, pense que " le christianisme est dépassé ". Mais pour le supplanter, il reprend ses techniques [25]. » Le nazisme impose un seul thème à la littérature, celui du respect de la tradition : « [...] la connaissance de l'histoire variée de l'évolution intellectuelle et matérielle de tradition de nos ancêtres peut nous ouvrir les yeux et nous affiner l'ouïe pour ce qui est ou non conforme à notre nature [26]. » L'esthétique soviétique met en film l'histoire répétée du brave homme du peuple se libérant des chaînes du capitalisme et le comité central inspire les livres qui méritent d'être publiés. Aujourd'hui, en Algérie, les écrivains les plus frappés sont ceux qui racontent d'autres récits que celui des candidats au pouvoir. Le totalitarisme passe par le récit du passé. Cette utilisation de l'histoire est souvent une préparation à la vendetta. En fouillant dans notre passé, on trouvera toujours quelque chose à venger. L'oubli n'est pas la solution puisqu'on laisse se remettre en place les conditions de la répétition. Mais la soumission au passé est une préparation à la revanche. L'oubli laisse la répétition s'installer, alors que l'abus de mémoire prépare à la répétition intentionnelle.

Ni oublier ni utiliser : le seul moyen de s'en sortir, c'est de comprendre. Pour se sentir cohérent et en paix, le blessé de l'âme est contraint à faire un récit de son épreuve pour l'adresser à une société qui, après l'avoir fait taire, voudra le valoriser afin d'en faire une arme idéologique ou l'enjeu d'une négociation sociale. À peine le blessé a-t-il raconté son malheur qu'il constate que les auditeurs s'en sont déjà servis pour broder du social à leur convenance. Le sujet met en mémoire ce que son contexte humain mettait en émotion au moment de l'événement. Mais à peine le blessé a-t-il fait un récit qu'il voit que son histoire lui échappe et alimente un discours qu'il ne reconnaît pas. Contraint, pour se défendre, à raconter son malheur, il s'adresse à une culture qui ne cesse de changer et d'attribuer au même événement des significations toujours différentes.

Il existe des peuples sans histoire qui ne sont pas pires que d'autres. Les Bigoudens occupent cette terre-là, sans savoir d'où ils viennent. Les Gitans, sans écriture, racontent leur passé au moyen d'objets qu'ils disposent rituellement sans connaître leur signification. Les Basques savent jouer avec la poésie provoquée par le mystère de leur langue et de leurs origines. Pour nous-mêmes, il y a toujours un moment où notre histoire s'arrête, s'estompe dans la brume, en quelques générations.

À l'opposé, les Juifs sont les champions des peuples avec histoire. Elle se mêle tellement avec l'Histoire des autres peuples qu'il faut la lire avec un atlas géographique. Ils parlent toutes les langues et portent tous les costumes. La trace de leurs origines, il y a trois mille ans, est déjà une migration : quittant Ur la mésopotamienne, pour refuser les sacrifices d'enfants, ils s'installent en Palestine, terre cananéenne. Ils se sont adaptés et ont marqué leur empreinte dans toutes les civilisations qui ont suivi : babylonienne, perse, grecque, romaine et byzantine, arabe et ottomane [27] avant de fortement participer aux cultures modernes occidentales et moyennes-orientales. Leur histoire illustre à quel point le fait de connaître son passé n'empêche pas la répétition des tragédies. Quand les autres cultures ignorent cette histoire, elles se soumettent à un mythe et l'imposent aux Juifs.

Quand l'acte de mémoire pétrifie l'avenir, quand la maîtrise du passé révèle un projet totalitaire, le témoignage devient impossible.

Les fabricants de mythe sculptent avec leurs récits une sorte de totem culturel auquel s'identifie le groupe. Ils utilisent l'Histoire de manière perverse pour fabriquer un liant clanique. Les Américains ont inventé les rustiques cowboys et les sympathiques nordistes. Ils ont utilisé des morceaux d'histoire réelle et ont mis dans l'ombre ce qui pouvait gêner, de façon que tous les immigrants puissent s'identifier à cette chimère.

L'abus de mémoire pétrifie l'avenir et contraint à la répétition, encore plus que l'oubli. Travailler à comprendre l'histoire, et non pas à l'utiliser, permet d'associer la mémoire qui donne sens avec la désobéissance au passé qui invite à l'innovation.

Jusqu'à présent, les sociétés occidentales attachaient peu d'importance à la mémoire. L'apparition récente d'un culte des ancêtres en Occident révèle probablement une inten-

tion politique. Le retour de Clovis en France, le dépoussié-
rage de la Padanie en Italie, les poteries cananéennes de
Jérusalem, la découverte d'un squelette caucasien âgé de
neuf mille ans aux États-Unis constituent des emblèmes
qui veulent dire : « Partez, nous étions ici les premiers. »
Ce qui est probablement vrai. Le problème consiste à défi-
nir qui est « nous », de façon à savoir qui doit partir. Le
squelette de Columbia River aux États-Unis était caucasien,
donc blond, donc tous les Indiens devront partir. Le passé,
utilisé pour planifier l'avenir, invente une grammaire
idéologique.

Cette logique absurde s'explique par la constante plasticité du corps social. Le « nous » n'est clairement identifié
que pendant quelques années, le temps de constituer un
courant culturel. L'identité sociale composée d'un faisceau
d'appartenances variées n'est que momentanément vraie.
La seule constante, c'est le changement. Mais le blessé, lui,
porte sa blessure dans sa mémoire, dans son identité individuelle. On change lentement au cours d'une vie, alors qu'un
courant culturel peut s'éteindre ou s'inverser rapidement, si
bien qu'au cours d'une même biographie, on est pris dans
des contextes sociaux mouvants. Un catholique polonais,
en 1946, arrive aux États-Unis, cruellement meurtri par
l'idéologie du IIIe Reich qui lui a volé ses deux enfants
blonds pour les faire élever par de bons Aryens. À cette
époque, il y avait beaucoup de journaux en langue polo-
naise capables d'entendre un tel récit. Le blessé a pu témoigner. Aujourd'hui, les journaux polonais ont disparu car les
enfants ne parlent qu'anglais. Mais sont apparues quelques
universités où les étudiants passent leurs examens en
langue espagnole pour obtenir des diplômes américains, et
des écoles asiatiques où tout jeune qui fréquente un Occi-
dental est accusé « de se blanchir ». Le même Polonais,
avec la même blessure, est contraint à se taire. Personne ne
l'entend plus.

Comment respirer, comment raconter son malheur afin
de se présenter en entier, de se poser en tant que soi-même
face aux autres, quand la culture des auditeurs ne cesse de
changer et d'attribuer au même événement des significa-

tions différentes ? Lorsque Primo Levi est rentré des camps d'extermination et qu'il a voulu témoigner, dès 1948, son livre s'est vendu à sept cents exemplaires. À cette époque, il était déjà un chimiste connu. Autant dire que seuls ses proches ont dû acheter son livre. En 1987, brusque changement culturel : l'Europe devient avide de ce genre de récit et *Si c'est un homme* frôle les cent mille exemplaires.

Après la Seconde Guerre mondiale on a fait taire les déportés. Leurs discours incongrus risquaient de gâcher la soirée et d'altérer la joyeuse renaissance de la nation française. Leur témoignage aurait abîmé l'espoir. Si bien que plus tard, en 1971, le professeur Faurisson n'a pas eu trop de difficultés à faire accepter dans son université sa thèse négationniste qui reprend dans la mémoire l'entreprise d'anéantissement.

Le silence est le résultat d'une complicité culturelle où tout le monde trouve son compte. Le déni des déportés leur a permis de ne pas souffler sur la braise de leurs blessures et d'espérer ainsi redevenir comme les autres. « C'est quoi, ces larmes ? Qu'importe, on continue [28] », disait Barbara. Le retour à l'intégrité n'est plus possible. Tout fracas contraint à la métamorphose sous peine d'entretenir la plaie et le sordide. Cela permet de moins souffrir, comme un blessé qui refuse qu'on le bouge.

Toute culture est tentée par le déni. On ne parle pas beaucoup de la tentative de négationnisme qui a suivi la guerre de 14-18. L'horreur avait été si grande que les gouvernants de l'époque avaient décidé de ne pas en parler afin de ne pas entretenir le cauchemar : un million et demi de morts, quatre millions de gueules cassées, cinq millions de malades incurables. Chaque famille souffrait d'un deuil ou d'un infirme à domicile. Et il fallait se taire !

C'est le rapport Louis Marin, député de Nancy en 1921, qui a empêché le négationnisme. Des associations d'anciens combattants se sont formées et ont construit sur chaque place de village des monuments, à la fois modestes et pompeux, où l'on peut voir écrit, non pas le nom des généraux ou des officiers, mais celui du boucher du coin, du paysan voisin. C'est la revanche des petits et des humbles qui, eux, ont affronté l'horreur et qu'on a voulu contraindre au silence. « Les commémorations annuelles ne sont pas organisées par les pouvoirs publics mais par les associations d'anciens combattants [29]. » « Ce négationnisme signifiait : " Crevez, votre souffrance nous importune. " » Mais les petits se sont révoltés. Ils ont écrit quelques-unes de leurs souffrances, et le récit d'Henri Barbusse, *Le Feu*, fut couronné par le prix Goncourt.

Quand le réel est gênant, on travaille au déni social. On a ridiculisé les réunions d'anciens combattants, on a fait taire ceux-ci une seconde fois. Ces hommes qui revenaient de l'enfer provoquaient le rire quand ils témoignaient. Le conflit algérien, « l'opération de police » des années 1960, a été davantage encore une guerre tue. Pour des raisons politiques, il fallait la relativiser. Pour des raisons émotionnelles, de nombreux métropolitains pensaient que l'armée était en vacances en Algérie, pour défendre les intérêts des colons : trois millions de soldats, vingt-cinq mille morts, un million de blessés, des milliers de disparus ont ainsi été à peu près déniés.

À l'inverse du déni émotionnel, la maîtrise de la mémoire est un signe totalitaire. La dénégation du réel était la règle dans les années 1950 quand, en plein essor du communisme, les intellectuels refusaient d'entendre les témoignages sur les goulags, les procès sans défenseurs, les purges et l'antisémitisme en URSS. Pour que la théorie soit cohérente, il faut bâillonner les informations qui obligent à changer de théorie. L'ordre règne dans la représentation. Le réel est ailleurs.

*Le bonheur d'être raciste nécessite de ne pas se mettre
à la place de l'autre et de se soumettre à un récit mythique
appelé « mémoire collective ».*

Le déni émotionnel appartient au même ordre que celui des blessés : il est défensif et permet de moins souffrir. Mais le négationnisme, lui, est intentionnel. Il poursuit dans le discours la tentative d'anéantissement, il prépare au passage à l'acte. Le déni psychologique permet de passer une soirée tranquille mais l'usage intentionnel de l'oubli permet d'éprouver le bonheur d'être raciste.

Car il s'agit bien d'un bonheur. Quand Léni Riefensthal, la cinéaste allemande des années 1930, filme les jeux Olympiques de Berlin, elle met en scène, à son insu dit-elle, l'imagerie nazie. Les jeunes gens y sont beaux et blonds et regardent le ciel. La lumière met leurs muscles en relief. Leurs victoires incessantes leur donnent une joie carnassière car ils dominent les autres peuples. Tous les films de cette mouvance sémantisent leurs images en les faisant parler d'ordre, de hiérarchie, de gloire, de pureté, de force et d'ancêtres. La foule est tracée au cordeau tandis que le chef monte dans la lumière pour aller quêter la parole des fondateurs de la race. À la même époque, les films communistes associent la puissance des défilés militaires à l'aimable désordre du brave peuple et de son petit père.

Dans les deux cas, le théâtre totalitaire et les mises en scène des foules composent un récit d'images qui implique le négationnisme. Pour que la représentation soit claire et convaincante, pour qu'elle fasse l'effet d'une preuve, il est nécessaire d'empêcher le témoignage opposé. Tout débat atténuerait l'image et, en la nuançant, diminuerait la conviction. Le doute altère le bonheur. Les démocrates sont des briseurs de charme. En nous faisant découvrir que les Nègres ne sont pas que de stupides danseurs, qu'ils peuvent, comme nous, parler d'art ou de philosophie, ils font bredouiller notre rhétorique sentimentale, celle qui nous laisse croire que nous appartenons à l'essence supérieure, celle qui nous dit qu'il suffit d'être né au bon endroit et sous la bonne couleur pour être dispensé de fournir la preuve de notre valeur. Il nous suffit d'être, pour être supérieur. Cette « aristocratie du minable [30] » nous dispense d'épreuve. Si, par malheur, nous découvrons que l'autre aussi a une valeur, notre joie sera moins féroce car nous devrons tenir compte de ses opinions différentes. Un sentiment d'appartenance est bien moins exaltant quand la culpabilité nous empêche de rire de l'autre, de l'écraser ou de l'éliminer [31].

Le racisme ne peut donner un sentiment de bonheur que grâce au déni. Cet aveuglement sélectif empêche certaines informations d'arriver à la conscience et d'altérer la représentation pure dont tout raciste a besoin pour se sentir heureux, grâce au mépris des autres.

L'amnésie collective est la règle et le négationnisme est très avantageux car il donne une conscience claire, une conduite à tenir et un délicieux sentiment d'appartenance qui permet de ne pas se mettre à la place de la victime. Cette amputation de la mémoire exige de brûler les livres, de faire taire les témoins et de réécrire l'histoire. Rien de plus facile pour un ordre fossile. La recette négationniste est tellement efficace qu'elle est régulièrement employée à chaque tournant de l'Histoire. Les Juifs zélotes au Ier siècle ont tenté de faire disparaître les traces des Juifs modérés ; l'Inquisition ne souhaitait qu'une seule croyance et pendant six cents ans (du XIIIe au XIXe siècle) elle a tenté de faire disparaître par le feu les traces de ceux qui ne pensaient pas comme elle ; l'autodafé des livres par les nazis à Berlin en 1933 s'inscrit dans cette construction intentionnelle de la mémoire, comme en Grèce à l'époque des colonels, comme au Chili sous Pinochet, comme dans tous les groupes humains où la bataille du passé révèle des desseins inavouables. La mémoire collective est un discours convenu qui a intérêt à réduire au silence les blessés de l'âme et à ne valoriser que ceux qui justifient ce discours.

La mémoire individuelle plantée dans notre esprit par l'émotion des autres est utilisée pour faire un théâtre social.

Quant à la mémoire individuelle, elle est imprégnée par le milieu. L'environnement sensoriel façonne certaines zones du cerveau qui acquiert un gabarit émotionnel qui rend l'individu sensible à un type d'informations. Puis l'entourage humain charge d'émotion certains événements dont la personne alimentera ses souvenirs.

Si on arrêtait notre raisonnement à ce stade, on en conclurait que l'individu est un réceptacle où l'environnement dépose quelques souvenirs. Or, le langage intérieur, le

récit qu'on se fait quand on pense à soi et à sa propre histoire créent une identité narrative, une stabilité de représentations qui nous permettent d'acquérir le sentiment de
rester nous-même quand le milieu varie et parfois nous
cogne.

Une grande partie de nos efforts relationnels consiste à
faire coïncider les deux récits, chacun prétendant dire le
vrai. Or, le réel existe et les témoins oculaires soutiennent
qu'ils l'ont vu, de leurs yeux vu. Il existe aussi dans les récits
sociaux qui affirment le rapporter. Mais ce n'est pas le
même.

On peut penser que le témoignage oculaire a une nature
institutionnelle puisque les enfants isolés nous ont appris
qu'ils mémorisaient mal les événements quand ils les subis-
saient dans la solitude. On pourrait parler de la nature institutionnelle du témoignage oculaire [32], autant que de
l'usage institutionnel de la mémoire.

Quand un grand témoin, déporté ou ancien combattant,
participe à une commémoration, on ne connaît rien de sa
personne ni de son histoire. Mais puisqu'il est mis là pour
faire signe, il doit porter sur lui tous les indices qui peuvent
provoquer une évocation : un calot coloré, une batterie de
médailles, un pyjama rayé ou un avant-bras tatoué consti-
tueront des marques suffisantes pour suggérer le récit adé-
quat. L'image qu'il compose avec son corps et les signes
qu'il évoque par sa simple présence parlent de la tragédie
en images convenues : l'empilement des corps... une cheminée fumante... le sadisme des nazis qui tuent en ricanant.
Les quelques survivants qui se sont donné pour mission de
témoigner ainsi se rendent à peine compte que leurs souffrances sont transformées par ce moyen en un récit
d'images, une histoire sans paroles, analogues à une publicité. Ce discours sans pensée se transforme en scénario stéréotypé qui, à la longue, ne provoque même plus l'émotion
originelle.

Quand le survivant joue le rôle du représentant permanent de son propre malheur, il s'agit, dans son monde
intime, d'une mission capitale. Son témoignage lui permet
de transformer son humiliation en message constructif, en

devoir de mémoire, pour que ça ne recommence plus jamais. Il se soigne ainsi puisque, en redisant l'événement, il en transforme l'émotion. Son malheur insensé prend sens et devient supportable puisqu'il le rend utile. Ce qui ne correspond absolument pas au monde intime des auditeurs, ou plutôt des spectateurs qui, eux, n'ont pas à faire ce travail de métamorphose. Quand un ancien déporté est invité à une réunion de jeunes historiens, il est placé là pour réciter quelques phrases terribles, comme un slogan que plus personne n'écoute.

Lors des années 1950, le petit Bernard, rescapé d'Auschwitz, devait chaque année déposer une gerbe au pied du monument aux morts de son lycée. Dans un silence glacial, il passait, toutes fleurs dehors, entre deux haies de professeurs et d'élèves hébétés. Le souvenir de son malheur et l'holocauste s'étaient transformés en un rituel desséché : quelques pas sonores dans un silence ennuyé, une courbette et dès que la cérémonie-corvée était terminée, la vie reprenait. Les visages s'animaient et le bourdonnement des joyeux papotages évoquait autre chose.

Tout ça pour ça !

La contrainte au « pourquoi », la hargne de témoigner rencontraient tout de suite l'impossibilité de communiquer. C'est le milieu qui forçait l'enfant à se taire, puis le lui reprochait. C'est le milieu qui transformait son épreuve en une histoire sans paroles, un théâtre stéréotypé, puis s'en désintéressait, afin de vivre un peu plus confortablement, sans être gêné par la culpabilité, sans éprouver ce sentiment d'indécence que déclenche le malheur des autres. Mais quand, à l'inverse, l'obscénité de son propre malheur provoque une gourmandise émotionnelle, cela fait taire encore plus l'enfant.

La mémoire n'est pas seulement l'inscription biologique d'un événement tracé dans le cerveau par l'émotion des autres. La mémoire a une histoire que tous les blessés de l'âme ont à subir. Quand la mémoire est fraîche [33], les traumatisés ont besoin d'en faire un récit afin de maîtriser leurs émotions et de socialiser leur épreuve, afin de se sentir à nouveau comme les autres.

Au moment du fracas, le silence est stupéfiant. Rien à dire. Il faut tenir. Mais dès que les blessés sont vaguement resocialisés dans un hangar après un tremblement de terre, à l'hôtel Lutétia, à Paris, après la déportation, ou dans une institution après un viol ou une agression, le bruit des bavardages devient retentissant. Presque aussitôt les auditeurs les font taire. Ceux qui sont chargés de s'occuper des blessés provoquent parfois un reflux de la mémoire, une sorte de rétention à l'intérieur de chaque individu. Ainsi s'explique en partie le clivage de la personnalité et la contrainte au détour quand le blessé veut témoigner malgré tout.

La contrainte à exprimer son malheur affronte l'exigence de ne laisser passer que ce qui est socialement acceptable. De cette opposition naît la mémoire-spectacle. Après avoir fait taire les victimes dont la proximité avec les agresseurs provoquait un même dégoût [34], leur malheur a été utilisé pour mettre en scène un idéal officiel. Ceux-là mêmes qui soutenaient que les survivants des camps d'extermination étaient suspects puisque, selon eux, ils n'avaient pu survivre qu'en collaborant avec l'agresseur, demandaient maintenant la présence d'un ancien déporté à chacune de leurs réunions politiques.

Dès que la tentative de négationnisme de la guerre de 14-18 a été surmontée par les associations d'anciens combattants, un récit convenu s'est aussitôt mis en place. Au point même que de nombreux poilus finissaient par ne raconter que ce que l'auditeur espérait entendre : « la nappe de sang vermeil » et les combats à la baïonnette devenaient des clichés horriblement délicieux. Impossible de témoigner, de dire le réel, sans briser le charme et se faire critiquer. En fait, les blessures cautérisées par les brûlures des éclats d'obus donnaient plus de pus que de « sang vermeil » qui, lorsqu'il coulait, était aussitôt absorbé par la boue. Quant aux baïonnettes, elles n'ont pour ainsi dire pas été utilisées [35]. Mais dans le récit, elles jouaient un rôle magnifique où elles racontaient l'histoire édifiante d'un brave homme du peuple qui mourait glorieusement.

Les témoins eux-mêmes finissaient par raconter le mythe qu'on faisait de leurs épreuves et non plus le souvenir inscrit dans leur mémoire. Les romans couronnés par les académies, les films dont les images déclenchaient des larmes admiratives transformaient ces combattants du cafard et de la boue en héros lumineux chargés de dire le courage et la noblesse des petites gens. Car c'est le petit peuple qui a sauvé l'honneur et non pas les officiers qui s'étaient disqualifiés. Un seul avait échappé à la médiocrité des décideurs qui avaient provoqué la tuerie de millions d'hommes et la mélancolie de toute une société : le maréchal Pétain [36]. Mais son entrée dans le mythe, grâce à son courage et à son honnêteté, préparait son élection légitime, vingt ans plus tard, le 1er juillet 1940, et sa participation active à une autre tuerie, qu'un autre négationnisme cherchera à relativiser.

Le besoin d'esthétique est tellement pressant qu'un témoignage désolidarise en tuant le mythe.

Le besoin d'esthétique est tellement pressant qu'il estompe le réel. Et pourtant le témoignage objectif, quand on y a accès, possède un effet émotionnant plus intense que le mythe. Mais il désocialise, il désolidarise, en tuant le rêve. Un témoin qui désire préserver des liens doit se soumettre au mythe. Alors, quand il exprime ce qu'il a en mémoire, il se retrouve seul et souvent agressé. La description de la sale blessure couverte de boue, la belote interminable qui ne tue que l'ennui, l'indifférence affective des hommes hébétés acceptant la mort absurde « à la feuillée » des fosses d'aisance provoquent chez l'auditeur un dégoût silencieux qui l'invite à l'oubli pour ne pas trop mépriser la victime-témoin. En revanche, un beau parleur saura trouver les mots qui transforment la nausée cafardeuse de la mort bête en une épopée glorieuse qui n'a de sens que dans le récit. Ce faux témoin est adoré parce qu'il nous fait du bien en nous permettant de supporter le réel qu'il transfigure. Si l'on veut coexister, si l'on veut s'adorer, on est contraint au mythe, pas à la vérité. Malheur à celui qui dit le vrai, il sera condamné à la marginalité.

Quand le petit Bernard a raconté la réalité de sa condamnation à mort par emprisonnement et déportation, quand il a décrit comment les soldats allemands, associés à des civils français, en chapeau-feutre et lunettes noires, ont arrêté la nuit un enfant de six ans, personne ne l'a cru, tant ce réel paraissait invraisemblable à l'époque. Et quand il faisait le récit de son évasion, les adultes éclataient de rire tant elle était rocambolesque. Un jour, un brave homme, un notable certainement, lui a dit : « Tiens, voilà quelques sous pour t'acheter des bonbons. Tu inventes de belles histoires. » Ces quelques mots ont fait taire le petit Bernard pendant cinquante ans. On ne peut dire que ce que la culture est désireuse d'entendre. Mais la contrainte à témoigner taraude le blessé de l'âme au point de le tourmenter. S'il ne témoignait pas, il trahirait. Mais il ne peut le dire que selon les critères d'expression imposés par la culture.

Le souci du présent réclame certains témoignages et fait taire les autres, comme si l'identité collective, le « nous » culturel qui n'existe que dans la représentation, avaient besoin d'un certain récit du passé afin de réaliser leurs desseins à venir.

Après la Libération, le témoignage privilégié a été celui des résistants. Grâce à ces deux cent mille personnes (sur quarante millions d'habitants), chaque Français a pu valoriser son image et guérir de la défaite de 1940 et de l'occupation humiliante. Chaque récit, chaque film devait suggérer que tout Français avait été résistant, même quand ça ne se voyait pas. En voyant le film de Noël-Noël, *Le Père tranquille* (1946), tout le monde croit que ce père de famille traverse la guerre comme un craintif. Détrompez-vous, spectateurs, sa soumission apparente lui a permis de mieux résister (comme chacun d'entre nous peut-être ?). Dans l'incroyable gaieté culturelle des années d'après-guerre, le réel était désolant, mais l'imaginaire merveilleux. Ce film y participait, comme tous les romans et tous les vrais témoignages d'une culture qui ne veut entendre que de belles histoires héroïques.

Dans ce contexte, quand Primo Levi, Robert Antelme, David Rousset et bien d'autres ont voulu témoigner des horreurs innombrables qu'ils avaient dû subir, cette culture ne leur a pas donné la parole. En revanche, dans les années 1980, on aspirait à comprendre ce qui s'était passé. La reconstruction des villes et des familles n'était plus une urgence. On pouvait se retourner sur le passé et chercher à le déchiffrer. Alors, dans ce nouveau contexte, les témoignages ont pris sens.

Dans les années 1950, il fallait fermer les yeux sur la participation des fonctionnaires du gouvernement de Vichy à la violence froide de la première grande tuerie administrative de l'Histoire. La signature d'un sous-préfet condamnant à mort sur simple décision administrative mille neuf cent quatre-vingt-dix adultes et deux cent soixante-trois enfants ne prenait pas grand sens. Le « J'y étais » des quelques survivants n'a pas été entendu. Au contraire même, ceux qui étaient parvenus à se socialiser s'appliquaient à les faire taire en leur expliquant doctement que ce qu'ils avaient vu était faux parce que ça ne correspondait pas à ce qu'ils auraient dû voir. La surdité psychosociale des décideurs de cette époque avait pour fonction de préserver l'unité et l'élan de la reconstruction... en faisant taire les témoins. Le problème posé en 1945 n'a été entendu qu'en 1981, date à laquelle le contexte social donnait un autre sens à ce « crime de bureau [37] ».

Mais qui a pu comprendre que dans le contexte social de 1998, les événements ne pouvaient pas avoir le même sens que dans les archives datées de 1942-1944 ? Quand on a retrouvé les documents qui commandaient des couvertures, du café et des wagons nettoyés, l'ancien sous-préfet en a fait un argument prouvant son action humanitaire. Qui pourrait se souvenir que l'unique couverture a servi à regrouper les enfants qui la partageaient, ce qui a permis de mieux les enfermer plus tard dans les wagons ? Le café n'était distribué que la nuit. Il était obligatoire et permettait de mettre en file les gens à coups de crosse, pour mieux faire l'appel. Quant aux wagons à bestiaux, ils n'ont pas servi à emporter les bagages, comme l'a dit le fonctionnaire [38], mais ils ont été scellés sur les enfants enfermés afin qu'aucun ne s'échappe.

Chaque chose était vraie et correctement rédigée : dans les archives, il y avait des couvertures, du café et des wagons pour le transport. Mais ces objets avaient un sens opposé à celui qui a été dit. Dans le réel de la guerre de 1940, ils ont facilité la mise à mort, alors que dans le récit de 1998, ils sont devenus une aide humanitaire. Le sens ne s'inscrit pas dans les archives, et c'est dans un autre contexte, dans un après-coup, que le recul du temps change le sens des faits.

Il n'y a pas de témoignage sans perspectives. Si vous racontez un événement, c'est parce que vous y avez été sensibilisé par votre passé et votre milieu. Si vous le racontez aujourd'hui à quelqu'un, c'est que votre récit a pour enjeu de vous justifier, de vous laver d'une honte ou d'agir sur l'exposé social afin de modifier les représentations collectives. Quand Primo Levi apprend que son livre va être traduit en allemand, il dit : « [...] je me sentis envahi par une émotion violente et nouvelle, le sentiment d'avoir gagné une bataille [...] Ses destinataires véritables, ceux contre qui le livre était pointé comme une arme, c'étaient eux, les Allemands [39]. »

Cette expression est parlante. On peut se demander contre qui sont pointés, non pas nos souvenirs, mais le récit de nos souvenirs. Nos souvenirs sont nécessaires pour construire notre identité narrative, nos oublis nous aident à donner cohérence au récit autobiographique, à ne pas trop souffrir ni entretenir la haine. Si nous aimons la vie, nous devons raconter notre histoire. Mais si nous aimons la haine, le récit de nos souvenirs deviendra une arme pointée.

Il est tellement important qu'un récit social soit cohérent que pratiquement toutes les institutions, même les plus généreuses et les plus nécessaires, font taire les victimes au témoignage impensable.

À peine la psychiatrie moderne était-elle instituée dans les années 1970, qu'en 1981 une thèse dévoilait un négationnisme de psychiatres [40]. J'en avais vaguement entendu parler. D'anciens administrateurs d'hôpitaux psychiatriques et quelques infirmiers approchant de la retraite m'avaient raconté la vie quotidienne dans les hôpitaux psy-chiatriques pendant la guerre. Mais dans ce monde-là, tout était fou, pas seulement les malades. Des personnes géné-reuses côtoyaient quelques infirmiers monstrueux et des médecins incroyablement ignorants travaillaient avec ceux qui s'apprêtaient à découvrir une nouvelle démarche cli-nique et thérapeutique.

Dans le contexte culturel des hôpitaux psychiatriques des années 1940, on parlait beaucoup de la lutte pour la vie, de la sélection des plus forts, donc de l'élimination des plus faibles. L'entassement de cent vingt mille malades men-taux, les restrictions alimentaires, l'absence de soins et l'intention annoncée d'éliminer ceux qui polluaient la race [41] ont facilité les décisions insidieuses qui ont fait pas-ser la mortalité habituelle de ces étranges hôpitaux de 6,88 % en 1938 à 26,48 % en 1941. C'est là qu'on a décrit les premiers œdèmes dus aux carences alimentaires. Mais les quarante mille malades qui ont disparu n'ont pas laissé de traces, ni écrit de récits. Les horreurs qu'ils racontaient quand ils pouvaient en témoigner étaient considérées comme d'épouvantables délires, mais c'est la société qui était folle. Ces malades sont morts en silence, comme on le souhaitait après la guerre, quand on a voulu reconstruire la nation sans régler les comptes du passé.

Grâce à cette oblitération de la conscience, on a pu rou-vrir les hôpitaux psychiatriques, réorganiser les concours et devenir psychiatre, ou infirmier, ou gestionnaire, le plus paisiblement du monde. Le déni a protégé les décideurs qui aujourd'hui encore souhaitent qu'on ne réveille pas les hontes enfouies et relativisent la tragédie en employant une stratégie révisionniste. Ils mégotent sur les chiffres, sou-tiennent que les « normaux » souffraient aussi de la faim et expliquent que beaucoup de pensionnaires sont rentrés dans leur famille pendant la durée de la guerre, et tout ceci est vrai.

Ce révisionnisme est facilité par l'évolution spontanée du récit des tragédies. Le dernier acte de la mise en scène de la mémoire blessée, c'est la banalisation. Qu'il s'agisse du théâtre intime de la mémoire imprégnée en nous par les réactions de notre entourage, ou du théâtre public d'un mythe déclamé, cette mise en scène des souvenirs évolue toujours vers le ronron de l'horreur et l'extinction des projecteurs.

« Mais oui... Ce n'est pas si grave tout ça... L'inceste, on s'en remet... On le sait que les Allemands étaient méchants... Je ne supporte plus qu'on parle de colonialisme dans les manuels scolaires » sont des réflexions habituelles de la part de ceux qui pratiquent un petit révisionnisme quotidien, pour leur grand confort.

Bien sûr, tout le monde est complice : les victimes comme Charlotte Delbo aimeraient bien « sortir de l'Histoire pour entrer dans la vie [42] », autant que ceux qui font beaucoup d'efforts pour ne pas entendre les détails qui pourraient gâcher leur sieste. Ce déni protecteur provoque d'invraisemblables troubles de la relation entre les blessés et ceux qui sont chargés de s'occuper d'eux. Quand les soldats américains ont libéré les camps, ils n'ont pu ni sourire, ni même adresser un seul mot aux morts-vivants qui les regardaient en train de les regarder avec dégoût. Pratiquement toutes les petites victimes d'inceste ont lancé des signaux de détresse. Mais on les a fait taire en leur expliquant qu'elles fantasmaient ou qu'elles avaient certainement provoqué leur père. On demandait aux enfants survivants de l'holocauste des certificats de décès de leurs parents disparus, comme aujourd'hui on exige que les petits Rwandais fournissent des preuves des massacres qu'ils ont vus. On demande le nombre d'années de cotisations pour la retraite à des enfants évadés, on les fait voyager à grands frais pour recevoir un pull-over impossible à porter mais offert par une association lointaine, on débat savamment afin de déterminer si le luxe des hôtels réquisitionnés pour recevoir ces petits survivants décharnés ne risque pas de les corrompre. Si bien que pratiquement toutes les victimes s'adaptent à cette absurdité quotidienne par le clivage psychique. Le récit adressé aux « normaux » incapables de les comprendre n'a rien à voir avec un autre discours adressé presque en secret aux autres victimes, appartenant au même monde de l'horreur.

Cette double sociabilité de la mémoire a un effet curieux. L'individu blessé qui ressent une contrainte à témoigner ne peut rien dire parce que la société le fait taire. Mais elle lui impose en même temps une obligation de mémoire afin d'alimenter le mythe du groupe avec le récit de ses souffrances. C'est cette obligation de mémoire que met en scène l'ancien déporté « en uniforme », debout en bas de la tribune. C'est elle qui met sur une estrade l'enfant violé qui doit raconter en public ses humiliations sexuelles devant un parterre de professionnels intéressés. C'est encore elle qui permet à Rassinier, communiste repenti, de lancer le courant négationniste en disant qu'il n'a pas souffert durant sa déportation et qu'il n'a jamais vu de cheminées. Et c'est surtout elle qui donne le syndrome des faux souvenirs.

Quand nous avons commencé à travailler sur le problème de l'inceste dans les années 1970, nous avons provoqué deux réactions totalement opposées. La plus fréquente a été le déni, comme celui de ce médecin qui a dit à sa fiancée : « Tu as certainement fantasmé. » Le déni du groupe explique pourquoi cet instituteur a dû quitter le village où il enseignait parce qu'il avait dénoncé un père incestueux dont les voisins ont pris la défense, ou pourquoi ce journaliste, après m'avoir étrangement interrogé, a soudain déclaré : « Je ne vous crois pas, les enfants refuseraient. »

Au bonheur des faux souvenirs.

Au déni s'oppose un enthousiasme suspect pour ces merveilleuses victimes. Aux États-Unis, en 1980, a été fondé un Mouvement pour la mémoire retrouvée. Les « psychothérapeutes » faisaient resurgir les « souvenirs » traumatiques, jusqu'alors « refoulés ». Il s'est ensuivi une série de procès à grand spectacle où de nombreux pères ont été cuisinés et condamnés en public, jusqu'au jour où les « victimes » elles-mêmes ont reconnu que l'agression sexuelle n'avait jamais eu lieu et se sont demandé, mais un peu tard, d'où leur venaient leurs terribles « souvenirs ».

Elizabeth Loftus, psychologue, a toujours douté de l'aspect irrémédiable du traumatisme sexuel, cause de toutes les névroses puisque elle-même, enfant violée, a pu mettre en place un processus de résilience et devenir une femme épanouie, comme par hasard spécialiste de la mémoire [43].

Le postulat pseudo-psychanalytique est le suivant : si vous vous sentez mal aujourd'hui, c'est que dans votre enfance vous avez été violée et que le refoulement vous empêche de faire remonter le souvenir de cette agression. Il suffit de verbaliser le souvenir pour retrouver le bien-être. Le succès de cette pratique, fulgurant aux États-Unis, se développe actuellement en France. L'explication est claire : « [...] je ne cesse d'être surprise par l'extraordinaire suggestibilité de la mémoire [44]. »

Suggestibilité. À cause de la mauvaise réputation de l'hypnose nous avons sous-estimé la psychologie de l'influence. Certains auteurs modernes comme Tobie Nathan [45], Daniel Bougnoux [46] ou Jean Léon Beauvois [47] dépoussièrent ce concept dans des disciplines différentes et démontrent comment on peut modeler la mémoire des gens, planter dans leur esprit de véritables faux souvenirs, et même provoquer le récit sincère d'événements qui n'ont existé que dans l'imagination de l'expérimentateur. On peut modifier le récit de leur biographie et faire évoluer l'image qu'ils ont d'eux-mêmes en exerçant une simple influence. On peut même soigner le sentiment de honte qu'une personne éprouve en changeant la représentation qu'elle se fait d'elle-même. C'est ce qui se passe lors des processus psychothérapiques, mais c'est ainsi qu'opère l'influence d'une mère sur son enfant, d'un père sur sa famille ou d'un groupe culturel sur les individus qui le composent. Ce processus d'influence nous permet de coexister en partageant le même mythe. Le simple fait d'éprouver une émotion commune, d'adorer une même représentation et d'effectuer ensemble les mêmes rituels crée un délicieux sentiment d'appartenance. Mais attention, l'ennemi de la vérité, ce n'est pas le mensonge, c'est le mythe ! Nous nous méfions des mensonges et cherchons à les repérer, alors que nous adorons les mythes et demandons à nous y soumettre. Ce n'est pas la persuasion qui entraîne la soumission, c'est une mise en scène comportementale qui structure l'émotion et la fait circuler [48].

Puisque nous savons aujourd'hui que la mémoire est liée à l'émotion, cette donnée expérimentale implique que nous mettons en souvenirs des relations bien plus que des événements. Donc, nous nous imprégnons plus facilement des liens que nous établissons avec les personnes qui nous affectent. Les moments amoureux et les événements effrayants deviennent alors les clés de voûte de notre édifice biographique. Nous donnons à ceux qui nous affectent le pouvoir de nous marquer. « Jamais de la vie, on ne l'oubliera, la première fille qu'on a prise dans ses bras », chante Brassens. Et le souvenir de cet instant délicieux deviendra un repère temporel du récit de notre vie, au même titre qu'un événement culturel fortement médiatisé : le jour de l'assassinat de J. F. Kennedy, j'étais chez ma belle-famille. Sans cet événement social fortement émotionnant, j'aurais totalement occulté cette visite amicale.

Mais il y a pire : la haine aussi est un affect. Si bien que nous permettons à ceux que nous détestons de façonner nos souvenirs et de participer à notre identité aussi sûrement que ceux que nous aimons. Hervé Bazin raconte dans *Vipère au poing* comment il a organisé la construction de son identité autour de Folcoche, la mère haïe. Les enfants maltraités gardent en mémoire un film qu'ils se projettent dans le monde intérieur de leurs souvenirs à la moindre évocation : « Dès que je lève la main sur mes enfants, ça me rappelle ma mère, et la tristesse m'arrête. » La belle Barbara, poignante, regrette encore à la fin de sa vie que son père qui, un soir, à Tarbes, avait fait basculer son univers dans l'horreur, soit mort sans le moindre mot de repentir qui aurait permis à la chanteuse de pardonner et de ne plus vivre dans la haine. « Il voulait avant de mourir / Se réchauffer à mon sourire / Mais il mourut à la nuit même / Sans un adieu, sans un je t'aime [49]. » Or le mythe est une représentation sociale tellement bouleversante que cette émotion lui donne le pouvoir d'imprégner chaque mémoire.

Une incroyable contagion des représentations a été mise en scène aux États-Unis. Les « victimes » se rencontraient, s'écrivaient et lisaient les mêmes livres [50]. Certaines femmes éprouvaient une petite gêne, mais les explications théoriques de « psychothérapeutes » la gommaient en quelques mots. L'amélioration mentale était réelle parce que ces femmes esseulées se remettaient à vivre, à voyager, à lire et à parler. Elles partageaient un même monde avec d'autres victimes capables de communier dans les mêmes souffrances. L'existence douloureuse éprouvée depuis l'enfance était enfin expliquée. Sachant d'où venait le mal, on pouvait opérer.

L'agression sexuelle devenait une bonne affaire. On vit mieux dans le groupe, les souffrances s'éclairent. On peut mieux divorcer et toucher un petit dédommagement thérapeutique. Malheur à celui qui doute, il sera exilé. Quand une victime raconte le récit qu'attend son groupe social, elle est adulée : « Vous qui avez tant souffert, dites-nous ce qui s'est passé. Mais vous n'avez le droit de dire que ce que l'on veut entendre. » Quand par malheur une victime raconte qu'elle a pu s'en sortir et triompher de son épreuve, elle est aussitôt accusée de déni, ou d'arrangement avec l'agresseur, parce qu'elle brise le plaisir de se soumettre au mythe.

Le mystère consiste à se demander pourquoi si souvent le témoignage est empêché, et pourquoi, parfois, il est trop mis en lumière. Le problème n'est pas de dire : « Blessés, vous êtes foutus. » La question est : « Qu'allez-vous faire de vos blessures ? Vous y soumettre et faire une carrière de victime qui donnera bonne conscience à ceux qui volent à votre secours ? Vous venger en exposant vos souffrances pour culpabiliser les agresseurs ou ceux qui ont refusé de vous aider ? Mettre votre tragédie au service d'une idéologie qui en fera un enjeu de pouvoir ? Souffrir en cachette et faire de votre sourire un masque ? Ou renforcer la partie saine de votre personne afin de lutter contre la meurtrissure et devenir humain malgré tout ? »

La conspiration du silence à laquelle tout le monde travaille constitue certainement la stratégie la moins coûteuse.

Le blessé serre les dents, mais s'il gémit, proteste ou simplement dit sa souffrance, l'auditeur normal, gêné, parle d'indécence et accuse le traumatisé de « se mettre à nu ». Mais quand la victime se tait, son langage intérieur s'emballe. Les récits inexprimés, les fantasmagories délicieuses ou horribles agitent le monde d'un homme immobile et muet.

Sans la mémoire des meurtrissures du passé, nous ne serions ni heureux ni malheureux, car l'instant serait notre tyran.

Dans la stratégie du « faire taire », le mieux serait d'empêcher tout récit et toute mémoire, de vivre l'instant sans se soucier de l'avenir ni revenir sur le passé. C'est notre aptitude à la représentation du temps qui nous rend malheureux. Vivez dans l'immédiat et tout ira mieux, affirment ceux qui n'ont jamais eu à se poser la question.

Il existe en médecine des expérimentations naturalistes qui nous permettent de vérifier si vraiment, vivre l'instant, faire table rase des meurtrissures du passé, nous donne accès au bonheur. Pour traiter cette question, les accidents de la route nous fournissent un matériel surabondant avec des milliers de traumatismes crâniens chaque année. Le trou mnésique porte sur le moment du traumatisme et juste avant. Mais il peut s'étendre sur des mois, des années, effaçant la biographie avant l'accident et définissant ainsi une amnésie rétrograde. L'amnésie antérograde, très fréquente chez les âgés, définit l'incapacité à se rappeler les événements récents quand le temps avance. La personne se rappelle sa biographie lointaine avec souvent une étonnante précision : alors qu'elle ne se souvient plus des événements de la veille, elle retrouve exactement le nom des camarades de classe entre six et huit ans, les phrases prononcées par l'instituteur soixante-dix ans auparavant et quelques détails vestimentaires marquants pour un enfant.

L'amnésie rétrograde efface la biographie avant le trauma tandis que l'amnésie antérograde n'inscrit plus cette biographie dans la mémoire à partir de l'accident. Ce qui est intéressant pour nous, grâce à cette expérience

naturelle, c'est d'observer comment les récits, les comportements de parole et le sentiment de soi varient selon ces
mémoires différentes.

Frappé d'amnésie rétrograde, un accidenté de la route
retourne sur le terrain de golf où il a travaillé comme jardinier pendant cinq ans [51]. Il se perd en chemin, affirme qu'il
ne connaît pas ce lieu et pourtant éprouve un curieux sentiment, comme une inquiétante étrangeté. Ce qu'il perçoit de
son lieu de travail alimente une représentation qu'il ne
reconnaît plus. Le sentiment de soi dans ce milieu est
étrange puisque cet homme, n'ayant plus de passé, vit dans
un monde toujours nouveau.

Le sentiment provoqué par la perception d'un monde
sans passé s'exprime par des comportements de parole
qu'on peut apprendre à décrire : regard flottant, sourcils
froncés, immobilité perplexe. Le jardinier répond aux questions avec un long temps de latence et une prosodie aplatie
sans mélodie verbale. Ce comportement de parole fournit
un indice du sentiment de soi : quand l'amnésie rétrograde
se dissipe et que le sujet retrouve son passé, sa parole redevient fluide, assurée, vive et musicale. Dépourvu de passé,
son comportement de parole n'exprime que la perplexité.
Dès que son histoire lui revient en mémoire, le blessé manifeste des émotions variées.

Après qu'ils ont retrouvé la mémoire, les patients amnésiques nous expliquent que leurs pensées étaient désorgani-
sées et que ce qu'ils percevaient du monde ne parvenait pas
à prendre sens. Le jardinier voyait correctement les joueurs
de golf mais leurs comportements lui paraissaient
absurdes, comme une succession de gestes adaptés au
milieu mais dépourvus de sens. La représentation nécessite
une intégration du temps. Tout événement correctement
perçu doit être situé. C'est en le comparant aux circonstances antérieures que l'événement prend sens.

Pour saisir le dénouement d'un film, il faut se rappeler
les prémices. On comprend que notre héros est fier d'être
devenu poinçonneur au métro des Lilas parce qu'on se souvient qu'il s'est échappé du bagne de Toulon. On peut à
l'inverse comprendre qu'il est honteux d'être devenu poin-

çonneur au métro des Lilas parce qu'on se souvient qu'il était directeur de la Compagnie des fluides. L'attribution d'un sentiment de honte ou de fierté à ce poinçonneur dépend de notre propre aptitude à intégrer le temps, à évoquer le passé pour donner sens au présent. Nous ne pouvons nous mettre à la place de l'autre, être capables d'empathie que si, sachant d'où il vient, nous comprenons ce que la situation signifie pour lui.

Or, le substrat neurologique de cette mémoire est organisé dans les circuits cérébraux qui associent le lobe préfrontal de l'anticipation au cerveau limbique des émotions et de la mémoire. Un traumatisme crânien, en provoquant de petites effusions de sang, entraîne une altération de cette zone. Une défaillance parentale ou même une décision politique, en créant des privations sensorielles, peuvent dans ces cas, d'origines différentes, altérer le fonctionnement de cette zone, créant ainsi une impossibilité organique de donner sens à ce qu'on perçoit. Mais une altération de l'entourage familial ou social, en empêchant un récit, entraîne tout autant l'impossibilité culturelle d'attribuer du sens aux choses.

L'impossibilité organique sera illustrée par les exemples de la lobotomie et de l'aphasie. Quant à l'entrave culturelle, elle est rendue possible par la honte et le secret.

Lorsqu'un accident de la route provoque un petit hématome dans les lobes préfrontaux, le sang dilacère les connexions neurologiques, réalisant parfois une parfaite lobotomie. Depuis un siècle, on décrit la personnalité frontale où le blessé change étonnamment de comportement dans la fraction de seconde où, lobotomisé, il cesse d'anticiper, de se représenter le monde à venir. Phinéas Gage, le premier lobotomisé connu, était un ouvrier ordonné et méticuleux, jusqu'au jour où une barre de fer lui a pénétré l'œil et a coupé ses deux lobes frontaux [52]. Dès cet instant, il est devenu euphorique puisqu'il ne craignait plus l'avenir. Mais en même temps, il devenait instable puisque, rendu incapable de planification, il ne cessait de répondre aux stimulations du présent.

Cette incapacité neurologique à se représenter le temps à

venir entraîne des modifications radicales des comportements de parole et de la structure des phrases [53]. Alors que
les bavards aiment aller à la rencontre d'un autre pour
créer un petit événement, éprouver une émotion et partager
quelques représentations, le lobotomisé ne prend pas l'ini-
tiative de la rencontre puisqu'il n'anticipe pas. Quand on lui
parle, il répond correctement avec des phrases brèves, taci-
turnes, monosyllabiques. Ses courtes phrases n'ont ni vir-
gules ni conjonction de relation. Pour marquer un temps
dans une longue phrase qui nécessite une respiration ou un
pronom de relation, il faut anticiper ce que l'on va dire. Ne
se représentant pas le temps, le lobotomisé n'a pas besoin
de cette grammaire. Une réponse brève suffit.

Le contexte de sa parole, ou plutôt son co-texte [54], est
étonnamment dépourvu de gestes et de mimiques faciales.
N'ayant pas l'intention d'agir sur l'autre, les mimiques ren-
forçantes et les gestes soulignants n'ont pas de raison
d'être. Son absence d'empathie le rend totalement indif-
férent au jugement social. C'est pour ça qu'il lui arrive de
pisser en public. Il ne s'agit pas d'un trouble sphinctérien,
ni d'une conduite antisociale. Répondant simplement à son
envie, il n'anticipe pas, ne se représente pas l'émotion qu'il
risque de provoquer quelques secondes plus tard dans
l'esprit des autres, il ne fait que s'adapter à la stimulation
présente de sa vessie trop pleine.

Il est immobile puisqu'il n'a pas d'intention, mais n'est
pas apathique puisqu'il répond vigoureusement si on le
bouscule. Quand il vit dans un milieu bruyant et agité, il
s'affole, court en tous sens en criant « je suis pressé... je suis
pressé ». Puis, quand le milieu se calme, il s'apaise, s'assoit
et redevient mutique. Libéré du regard des autres, il se soumet au présent.

Il n'éprouve plus le travail émotionnel de la parole.
Quand nous manquons un mot, nous éprouvons une petite
crispation désagréable : « le truc au-dessus de l'eau... pour
traverser une rivière ». Le manque de mot nous crispe et
nous contraint au détour verbal et gestuel. Tant que nous
ne trouvons pas la circonlocution adaptée, nous nous tapo-
tons ou effectuons des gestes agacés de la bouche « Tsss,

Tsss ». Ces petites auto-agressions manifestent notre tension intime. Et soudain, quand le mot est retrouvé, « c'est un pont! », nous sommes apaisés par une simple articulation verbale. C'est très étonnant, quasi magique, puisque un mot agit sur le corps. On peut comprendre cela si l'on accepte l'idée que nos phrases et nos récits donnent aux autres et à nous-mêmes une sensation d'identité cohérente, donc un code clair d'action sur le monde. Celui qui n'habite pas le temps passé ou à venir se soumet au présent. Il résout les problèmes posés par les perceptions de son contexte. Il pense donc. Mais son monde de représentations reste proche : pas de fiction de son avenir, pas d'histoire de son passé, pas de représentations à faire pour modifier les représentations des autres, donc pas besoin de récits.

Quand un lobotomisé manque un mot, il s'arrête de parler et s'immobilise sans réaction d'agacement et sans chercher d'autres mots. Quand on lui lit *Le Petit Chaperon rouge*, il reconnaît l'histoire puisqu'il n'a pas de troubles de la mémoire. Si, volontairement, nous introduisons une absurdité dans le récit, il la remarque tout de suite, car il n'est pas idiot. Mais quand nous lui demandons de poursuivre l'histoire qu'il connaît par cœur, il s'arrête dès la première ou la deuxième phrase.

Cette expérimentation naturelle qui altère le substrat neurologique permettant la représentation du temps à venir empêche tout récit. Ceci nous permet de comprendre que le récit de notre passé est une anticipation, une intention d'aller chercher dans notre mémoire quelques souvenirs afin d'en composer un récit.

C'est dire à quel point l'intentionnalité de la mémoire est une création destinée à soi-même et aux autres, une représentation, une mise en scène d'images et de mots imprégnés en soi par les émotions provoquées par les autres. En retour, nous adressons ce récit aux autres, afin de modifier leurs représentations dans le sens qui nous convient.

Libérés des autres, nous deviendrions prisonniers du présent. Imprégnés par les autres, nous pouvons agir sur eux grâce à notre parole qui, en les émouvant, nous imprègne en retour. C'est dire à quel point tout récit est une co-production.

L'effet-papillon de la parole s'ajoute à l'identité narrative
pour nous contraindre au récit.

Une sorte de « transmission de pensée » se réalise quand les paroles mélangent les mondes intérieurs de ceux qui parlent. Dans ce monde aérien où les mots représentent des images intimes, les paroles ont un « effet-papillon » : le simple fait de se préparer à parler allège la sensation que nous éprouvons de notre propre corps. Il ne s'agit plus d'opposer la parole à la biologie comme nous l'apprennent nos abusives découpes universitaires, il s'agit de proposer l'idée que la parole est au corps ce que le papillon est à la chenille. Ils vivent tous les deux dans des univers différents, l'un flottant en l'air et l'autre collée aux feuilles. Tous deux pourtant sont en continuité ! Le papillon ne pourrait exister s'il n'avait pas été chenille. Le passage de la larve à l'*imago* s'effectue grâce à l'étonnant processus de la métamorphose. De même, nos enfants, avant la parole, vivent dans un monde d'intelligence préverbale où lentement, en vingt mois, ils se préparent à la métamorphose parolière [55]. Les petits comprennent les mots bien avant d'en avoir la maîtrise [56]. Dès qu'ils parviennent à s'en servir, l'usage de leur corps est métamorphosé. Même la sensation qu'ils en éprouvent est changée.

Quand le manque de mot nous crispe, nous cherchons à nous apaiser par la recherche de termes de substitution, de périphrases ou par le détour de gestes désignatifs et illustratifs. L'expression comportementale de ce malaise se repère à l'augmentation des gestes autocentrés, légèrement auto-agressifs, et aux mimiques, vocalisations et postures qui extériorisent cette crispation intérieure. Quand on manque le mot, l'émotion est maltraitée. Quand on manque de mots, on cherche l'apaisement avec des moyens archaïques.

Or, la clinique neurologique nous offre deux situations où le sujet perd la parole pendant quelques heures. Dès qu'il la retrouve, il est étonné de se sentir léger comme un papillon, alors qu'il pesait comme du plomb quelques heures auparavant.

Une dame de cinquante-huit ans, habituée aux migraines, fait ses courses dans un supermarché. Elle doit acheter de l'huile et du sucre quand soudain, elle éprouve dans tout son corps une sensation étrange de pesanteur. Elle « entend » dans son monde intérieur le signifiant « huilhuilhuilhuil », mais cette sonorité ne désigne plus l'objet « bouteille d'huile ». Elle se dit, ou plutôt elle comprend, sans dire les mots « j'ai encore une migraine, il faut que je prenne de l'aspirine [57] ». Elle pense à demander à une hôtesse l'emplacement de la cafétéria, mais s'étonne quand elle s'entend dire : « Esque Esque Esque... à boire. » Elle comprend la direction indiquée par les gestes, mais les mots de l'hôtesse ne sont pour elle que d'étranges sonorités. Quand, quelques minutes plus tard, la migraine visuelle se déclenche, la malade éprouve son corps douloureux, épuisé et pourtant soulagé par le retour des mots.

M. M. est en train d'écrire quand son écriture, étrangement, ralentit, comme si sa main alourdie lui échappait. Il pense téléphoner à sa femme mais ne parvient pas à composer le numéro. Alors il se dirige lourdement vers la chambre de son fils âgé de dix-sept ans pour lui demander de téléphoner à sa mère, mais il ne parvient à dire que « tapekeur ». Il comprend que, ne pouvant prononcer les bons mots, il doit provoquer une impression étrange dans le monde mental de son fils. Il cherche à le rassurer en lui tapotant le dos et prononçant « tapekeur, tapekeur », ce qui, bien sûr, aggrave l'inquiétude de l'adolescent.

Huit heures plus tard, M. M. retrouve l'usage de la parole et nous explique son séjour dans l'étrange monde mental de son épisode aphasique. Ayant perdu le langage verbal, il demeurait capable d'agencer des représentations d'images... comme dans un film muet. Il habitait encore un monde intérieur sémantisé par des figures.

L'impossibilité de parler n'empêchait pas son empathie, alors que le lobotomisé parlant parfaitement bien se moquait de l'impression que son image produisait dans l'esprit des autres. Ce n'est donc pas l'usage du signe parolier ou gestuel qui permet d'habiter le monde d'un autre, c'est l'aptitude neurologique à percevoir le temps et à le représenter sous forme de récits verbaux ou imagés. En revanche, la simple aptitude à parler agit sur la manière dont nous éprouvons notre corps.

Quand un de mes amis psychanalyste fut privé de la parole pendant quelques heures à cause d'une embolie cérébrale, il comprit brutalement que la première utilité de la parole, c'est de tisser de l'affectivité : « [...] l'être parlant s'attache au premier être parlant [58]. » En quelques secondes, il découvre avec étonnement que, n'étant plus capable de parole, il redevient sensible aux stimulations de son milieu. Il comprend que les médecins parlent de lui, mais ne parlent plus avec lui. Si bien que lorsque le professeur s'assoit sur le lit pour dire deux mots au malade, ce n'est pas en vain, car s'il ne comprend plus la signification des mots, il comprend quand même que le professeur se rapproche et s'adresse à lui. Le malade est bouleversé par cette posture qui communique une intention affective. Quand le professeur s'en va, le patient reste fixé, collé aux traces que le médecin a laissées sur les draps du lit en les froissant. Ayant perdu son aptitude à parler, le malade perçoit de minuscules indices sensoriels au point d'y être soumis : il ne peut plus s'en détacher.

La simple capacité de parler crée un sentiment de soi dilaté dans l'espace et prolongé dans le temps. Dans l'instant même où la circulation du sang est rétablie dans la zone temporale du langage, le malade retrouve la parole. La simple capacité parolière à se représenter un monde dilaté et prolongé modifie le sentiment de soi, au point même de provoquer une sensation de légèreté. Cette impression n'est pas due à la disparition de la paralysie puisque les âgés qui perdent progressivement l'accès au lexique changent aussi les comportements qui expriment leur nouveau sentiment de soi. De plus, quand les adultes manquent un mot, ils ne sont pas paralysés, et pourtant ils éprouvent la sensation d'un corps lourd et crispé : « ... je n'étais que tension du corps vers la parole... C'est lourd... le manque... l'angoisse augmente [59] ».

Tous les aphasiques interrogés après le retour de la parole ont utilisé des métaphores de poids, d'enfermement : « Une pensée était prête. Je me suis dit à moi-même " il est donc vrai que je ne peux plus parler " ... le téléphone a sonné, j'ai décroché pour répondre mais à ma grande surprise, les mots ne sortaient plus... j'étais comme emmuré [60]. »

La perte de la parole modifie la représentation du monde. Le malade redevient contextuel quand il ne peut plus évoquer l'ailleurs. Le sentiment de soi redevient proximal, collant au contexte sensoriel : « Sans paroles, mon corps redevient viande [61]. » Le psychanalyste aphasique s'étonne aussi de la puissance accrue de ses rêves pendant ses quelques heures sans paroles. N'habitant plus le monde des représentations verbales, il redevient, durant la journée, soumis aux stimulations sensorielles et, durant la nuit, aux impressions tracées dans sa mémoire et réactivées par l'alerte cérébrale du rêve.

Moins on parle, plus on éprouve le poids du contexte. Mais dès qu'on parle, on éprouve ce que nos mots représentent. Un choix s'impose : se soumettre aux impressions plantées en nous par le milieu ou se soumettre aux sentiments provoqués par nos représentations.

Quand la parole revient, la contre-expérience se fait. Les ex-aphasiques évoquent alors une sensation de soi étonnamment « vaste et légère ». Les métaphores se dessinent avec les mots : « nuages... traversées d'espace... bottes de sept lieues... j'enfourche un oiseau, un coup d'aile, je ferme les yeux. Tiens, les petits points n'y sont plus [62] ».

L'effet-papillon de la parole n'est pas un vain mot. Mais, à la sensation de plomb provoquée par l'impossibilité organique de produire des mots, s'ajoute la difficulté affective de parler avec ses proches.

Quant au discours social qui empêche le témoignage du blessé afin de garder une cohérence aux déclarations officielles, il entraîne lui aussi une pesanteur psychique et un frein à l'expression de soi. Le blessé s'adapte à cette contrainte au silence par le clivage : amputation partielle de la personnalité qui permet à la partie non meurtrie de l'individu de s'exprimer encore, de manière socialement acceptable.

« Quand j'étais enfant, je disais la vérité... et je recevais, disons, des gifles [63] ! » Quand on contraint René Char au silence, il trouve tout de même le moyen de s'exprimer. Le clivage ainsi imposé sépare en lui deux mondes psychiques, deux forums : le for extérieur qui donne une image de soi, jolie et valorisée, et le for intérieur, plus noir et douloureux. Ces deux espaces ne sont pas coupés, séparés l'un de l'autre, sinon le poète serait dissocié et incohérent. Ils établissent entre eux un curieux mode de communication organisé autour du secret.

Le for extérieur s'adapte aux affects familiaux, aux contraintes institutionnelles et aux mythes sociaux, tandis que le for intérieur connaît le destin des épures.

Le secret est une épure intime qui lui donne
son énorme pouvoir d'émotion. La pensée se transmet
physiquement dans le para-dit.

Quand Delacroix peint les toutes petites aquarelles de son voyage au Maroc, il ne note sur son papier que deux coups de crayon et trois traits de couleur. Un excès de détails aurait amoindri la force de l'évocation en dispersant l'attention, alors que sa réduction à l'essentiel, en éliminant tout parasitage, renforce l'impression de couleurs vives et d'exotisme. C'est ce qui se passe dans la préparation au symbole où deux gestes, trois sonorités ou une image évoquent un objet absent avec encore plus de force que s'il était présent. Les blessés de l'âme à qui l'on ne donne pas la possibilité de raconter les détails et les émotions provoquées par l'événement agresseur revoient chaque soir le scénario de l'agression. Mais contrairement à ce qu'on dit, ils ne le revivent pas. Ils n'éprouvent pas, quand ils y repensent, ce qu'ils ont ressenti au moment du choc. Il suffit que le blessé de l'âme ne soit plus engagé dans les contraintes immédiates du réel pour que revienne sur sa scène intérieure une épure de son drame. Il revoit les images, entend à nouveau les mots avec une simplicité qui donne la force de la clarté. La stylisation augmente la puissance du trauma révisé [64]. Les blessés se repassent dans leur mémoire les images de l'horreur. Plus le souvenir s'épure, plus il accroît sa puissance.

Le porteur de secret se retrouve dans la même situation. Il donne de lui une image externe souvent faite de gentillesse morbide qu'il associe à une crypte [65] interne où se déroule chaque soir un film d'horreur stylisé. Quand la mémoire privée ne peut pas s'articuler avec la mémoire publique, toute une partie de notre histoire ne pourra pas être mise en mots. La sensation d'identité stable et cohérente que donne le récit de soi deviendra clivée en une partie claire, valorisée par la société, et une partie sombre, inavouable, honteuse. L'effet-papillon de la parole retenue produit alors un vol étrange : le papillon volette légèrement et puis, soudain, tournoie. De même, le blessé de l'âme parle gaiement, et puis soudain bafouille.

Cette métaphore illustre l'idée que tout secret donne quelque chose à voir. On peut décrire un comportement de secret comme l'étymologie du mot le suggère : « Secret = sécréter, excréter quelque chose de honteux, tamiser, filtrer, laisser passer les bons grains de façon à retenir ceux qu'on ne peut pas montrer. » Tous les parleurs qui, au cours des millénaires, ont mis au point ce mot pensaient déjà à la fonction protectrice du secret. L'âme d'un enfant est mieux protégée par le silence que par les explications qui voudraient le défendre. Il suffit de se taire pour se clore et se barricader. D'ailleurs, les enfants éprouvent un grand sentiment de sécurité et de force du moi quand ils comprennent que, s'ils le veulent, ils peuvent garder un secret. Mais quand un passé blessé ne peut pas être dit, parce que la violente émotion empêche le récit, on peut entendre alors l'arrêt de la parole, le tremblement de la voix, le changement de discours, ou le silence imprévu, témoignant du trouble provoqué par la contrainte à se taire. C'est le blanc de la parole, le bafouillage comportemental qui soudain, dans un discours trop clair, désigne le mystère et oriente vers le secret. Car tout secret est de Polichinelle. Il fait transiter dans le para-dit ce qui ne peut pas être dit.

Les victimes sont indécentes, elles gâchent nos soirées. Alors elles se taisent. Mais quand elles se taisent totalement, leur présence hébétée nous gâche encore plus la soirée. Alors elles parlent. Mais comme elles ne peuvent pas tout dire, elles para-disent. Et leur secret donne alors un étrange langage.

En fait, c'est un mystère qui est mis en lumière. Le banal disparaît quand un comportement le souligne et en fait une énigme. « Tiens, c'est étrange, chaque fois qu'à la télé on prononce le mot " inceste ", ma mère se crispe et quitte la pièce. Et quand elle revient, elle m'engueule parce que je me tiens mal. » La jeune femme qui me parle ainsi ne sait pas que je connais sa mère qui m'a confié qu'effectivement elle avait eu des relations incestueuses avec son frère gravement malade. « Je n'en parlerai jamais, me disait-elle, ça tuerait ma mère. » Elle ne l'a jamais dit, en effet, mais elle l'a para-dit. Son comportement inhabituel a désigné le lieu du mystère, comme un attracteur étrange.

Les objets aussi deviennent énigmatiques. Quand le porteur de secret les utilise, lui seul sait ce qu'ils signifient. Le sens qu'il leur attribue modifie des émotions que l'entourage perçoit sans bien les comprendre. C'est ainsi qu'un album de photos est devenu maléfique et qu'un vieux canapé pourri s'est fait militant contre l'antisémitisme.

Quand M. et Mme M. se sont mariés, ils savaient parfaitement qu'ils ne pourraient jamais avoir de relations sexuelles. Mais ils désiraient tellement avoir un enfant qu'ils décidèrent d'adopter un bébé « à la sortie » de la mère et de ne jamais en parler. Vers l'âge de huit ans, la petite fille est devenue infernale et ses crises de reproches étaient toujours déclenchées par le même scénario : chaque fois qu'elle prenait l'album de photos pour poser les questions rituelles qui inscrivent un enfant dans sa filiation : « Qui c'est ça ? – C'est la cousine Berthe. – Qui c'est ça ? – C'est le grand-père Gaston », les parents mal à l'aise et désireux de garder le secret répondaient tellement mal que l'enfant s'énervait. Quelques années plus tard, quand la fillette cherchait à provoquer ses parents, il lui suffisait de prendre l'album, pour que son effet d'épure provoque le scénario habituel. Le geste de toucher l'album en regardant sa mère suffisait à déclencher la dispute. Au point que tout le monde tomba d'accord pour affirmer que cet album était chargé d'un pouvoir maléfique. Il l'était, puisqu'il désignait le secret, la honte des parents. L'album, chose visible, matérialisait le récit caché. Il indiquait une obscurité, le trou des origines, qui angoissait la famille. Mais si la relation avait été légère, le même objet aurait été chargé d'un sens différent, magique aussi, mais euphorisant. Quand on fait taire les mots, les objets deviennent langage.

C'est ainsi que Mme D. faisait parler son canapé. Durant toute son enfance, elle n'avait jamais réussi à échanger le moindre mot gentil avec sa mère, femme rigide, cassante, qui militait dans une secte antisémite. Par bonheur, sa grand-mère l'invitait souvent à partager un chocolat chaud en papotant sur un vieux canapé. Vers l'âge de vingt ans, jeune assistante sociale, elle rencontra un étudiant en droit qu'elle trouva intéressant, sans plus. Mais quand le futur avocat la demanda en mariage en lui disant : « Je suis juif », elle accepta dans un élan, « pour embêter ma mère », qui bien sûr refusa de venir à la cérémonie. La grand-mère, attendrie, lui dit : « Je viendrai, moi » et mourut deux jours avant. Au moment du partage de l'héritage, la jeune femme exigea le vieux canapé qu'on lui céda sans peine. Trente ans après, devenu riche avocat, le mari s'étonne qu'au milieu de ses beaux meubles sa femme conserve un canapé pourri. Personne ne sait que, pour elle, ce sofa « veut dire » que sa mère est exclue de sa filiation affective, mais que sa grand-mère est encore là, avec ce canapé qui lui fait un clin d'œil [66].

Peut-être n'y a-t-il pas de familles sans secret ? Peut-être des objets sensés remplissent-ils nos maisons de discours officiels qui mettent dans l'ombre quelques bibelots murmurant des récits inavouables ? Mais l'objet qui parade attire moins l'attention que celui qui murmure.

Gisèle avait quinze ans quand elle est entrée dans la Résistance à Bordeaux. On lui avait appris à ne pas regarder les affiches placardées par la Gestapo car, en révélant ainsi son intérêt, elle aurait été suivie. On lui avait appris à se servir d'un revolver. Personne ne s'est méfié quand, sur la place du village, cette grande fille s'est approchée du responsable régional de la Gestapo et l'a tué. Le lendemain, trente otages ont été fusillés. Après la Libération, chaque fois qu'elle passait dans ce village, elle pensait : « Cet enfant est orphelin... à cause de moi... Cette femme vit dans la misère... à cause de moi... Cette entreprise est ruinée... à cause de moi. » Elle n'en finissait pas d'expier sa faute par des comportements autopunitifs dont elle ne parlait jamais. Pendant cinquante ans, aucun de ses cinq enfants ne lui a demandé ce que signifiait ce curieux paquet de chiffons huileux, dans une boîte en fer placée sous le regard de tous, en plein milieu de la bibliothèque. C'est son petit-fils âgé de quinze ans qui, découvrant que ce paquet contenait un revolver, a demandé ce qu'il signifiait. Sa grand-mère alors lui a raconté l'histoire de l'objet. Elle l'avait mis là pour faire signe, mais personne ne l'avait vu. Quand une guerre est finie, on n'en parle plus. Ce n'est pas la peine de remuer le passé, n'est-ce pas ? Alors, elle revoyait la scène et se punissait en cachette. Elle a été très étonnée par l'apaisement que lui a donné le simple fait d'écrire son histoire pour l'adolescent. Elle a éprouvé le sentiment qu'elle venait de boucher un énorme trou de sa biographie, redevenir entière, cohérente, comme si elle avait recousu deux morceaux déchirés de sa personnalité.

Quand on tait un secret, on fait parler les choses, mais l'entourage souvent s'arrange pour ne pas voir. Aïcha était déconcertée de ne presque rien connaître de son père : « Il n'existe pas dans la maison. Je ne sais pas où il est né. Il ne raconte jamais. » Jusqu'au jour où elle a découvert, dans un tiroir de sa chambre d'enfant, un paquet de photos et un livret de famille. « J'ai eu en main ces objets, je les ai tenus, mais je ne les ai pas regardés. Si ma mère avait su m'aimer, j'aurais regardé les photos et posé des questions sur mes origines. »

Quand le dit n'est pas facile, le para-dit s'exprime, mais souvent les témoins ferment les yeux et se bouchent les oreilles. Ils ont tout pour comprendre, sauf le désir de s'impliquer. Niki de Saint Phalle n'a jamais vraiment caché son si « lourd secret [67] ». Elle avait même choisi un nom d'artiste pour le signaler. Dans ce cryptonyme, ce qui est caché se donne à entendre. Il y avait un para-dit qui, pour elle, a été un enfer : « L'été des serpents, celui où mon père, ce banquier, cet aristocrate, mit son sexe dans ma bouche... Je suis une rescapée de la mort, j'avais besoin de laisser la petite fille en moi parler enfin »... cinquante ans après !

Le secret travesti n'est pas toujours tragique, mais il témoigne quand même d'une honte ou d'une difficulté à accepter une partie de soi-même. La jolie Aurora connaissait tout de la culture italienne. Elle disait qu'elle avait le teint mat des filles de Sicile, alors qu'en fait son prénom évoquait son Aurès natal. Elle en avait horreur, contrairement à ses parents qui en gardaient la nostalgie. Son nom donnait à voir ce qu'elle voulait cacher, mais permettait un compromis entre l'amour pour sa famille et son désir de renier ses origines, afin de mieux s'intégrer dans la culture occidentale. Cette défense fréquente apporte un bénéfice immédiat : « Je m'adapte à cette société qui m'agresse », mais elle met en place une bombe à retardement, un faux soi : « Je travaille à devenir une autre que moi-même. »

> *Quand le secret est voilé, il s'en échappe un trouble*
> *qui altère les relations. Mais quand il est dévoilé,*
> *il impose des remaniements difficiles à supporter.*

Quand le secret est voilé, il s'en échappe un trouble qui altère la personne et son entourage. Et quand il est dévoilé, il impose de tels remaniements que les proches du porteur de secret ne parviennent pas toujours à s'y adapter.

Les enfants de porteurs de secrets manifestent souvent un comportement étrange, comme un négatif bizarre : ils ne posent jamais de questions. Cette retenue est difficile à observer puisqu'il s'agit d'un non-comportement. Ce qui n'empêche qu'un enfant réservé impressionne son entourage. L'ambiance relationnelle qui caractérise chaque famille peut ainsi s'expliquer par une typologie comportementale que l'on peut observer. C'est très étrange qu'un style puisse caractériser une famille composée d'individus diversement façonnés.

On peut imaginer que les enfants perçoivent chez leurs parents une étrangeté comportementale qui les fait taire. « Papa est gai et travailleur, mais il se fige chaque fois qu'on parle de l'Arménie. » Quand les enfants nés d'inceste ne posent jamais la question du père, c'est le silence qui révèle le problème, c'est le mutisme qui pose la question. Ce « comportement cryptique [68] » qualifie le style relationnel des familles à secret où les parents et les enfants manifestent une étrangeté et se la transmettent à travers les générations.

Le petit garçon de M. Paul a disparu à Auschwitz, victime d'expérimentations médicales. Après la guerre, le père blessé a élevé tendrement ses autres enfants qui, pressentant la zone meurtrie de l'âme de leur père, n'ont jamais parlé de ça. Le silence fut total sur cette période. Quand M. Paul est devenu grand-père, il irradiait d'amour pour son petit-fils dont il s'occupait avec plaisir. Le jour où il lui a offert pour l'anniversaire de ses trois ans un superbe nounours, l'enfant aussitôt l'a baptisé sans hésiter... du prénom de l'enfant disparu ! La sidération comportementale de M. Paul a ému l'enfant et lui a planté dans l'esprit une sensation d'étrangeté qu'il a attribuée à son nounours, comme si l'enfant avait pensé : « J'aime beaucoup mon grand-père, donc je suis sensible à tout ce qu'il émet, tout ce qu'il fait m'impressionne. Or, face à ce nounours, il a manifesté un étrange comportement qui m'a touché. Qu'a-t-il donc ce nounours ? » En une seule émotion, provoquée par un événement comportemental, la tragédie de M. Paul a imprégné la peluche. La transmission de pensée ne s'est pas faite dans l'éther. Au contraire même, c'est matériellement, sensoriellement, au corps à corps, qu'une immense douleur éprouvée en 1944 a imprégné d'étrangeté un nounours donné à un enfant en 1974 [69]. « Il arrive ainsi parfois qu'un secret familial important soit caché dans un objet usuel [...] qui commémore un souvenir indicible [...] la destruction accidentelle d'un tel objet entraîne des troubles graves de l'un ou l'autre des descendants [...] et peut provoquer [...]

des attitudes émotionnelles ou des conduites dont le sens leur échappe et qui les contraignent à leur insu [70] », explique Georges Tisseron.

Ceux qui croient aux fantômes familiaux sont prisonniers d'une mémoire silencieuse qui circule en dehors des mots et se transmet dans le para-dit. Ceux qui croient qu'il y a des familles sans fantômes se soumettent à l'immédiat en s'amputant de leur passé. Le pouvoir des fantômes est immense puisqu'ils logent au para-dit et que nous les transportons, à notre insu, dans les objets de notre vie quotidienne. Les fantômes sont des rôdeurs qui, longtemps après la mort de l'événement, peuvent surgir, transportés dans nos bagages et dans nos héritages. Les fantômes ne transmettent pas directement le traumatisme, puisque les revenants font revivre une histoire passée qui, dans un autre contexte, prend un autre sens et provoque une autre émotion. Mais ils transmettent un trouble, une gêne qui peut altérer les descendants. Ils peuvent aussi léguer une interrogation ou un mystère qui invite les successeurs à une archéologie ou une poésie du savoir : ceux qui ont failli mourir ressentent comme un miracle la moindre banalité de la vie. Ceux qui ont failli perdre l'aimé ressentent avec acuité sa simple présence, routinière auparavant. Les enfants sans famille sont contraints à l'archéologie.

Les Arméniens de la diaspora, comme tous ceux qui héritent d'un fantôme, « sont confrontés à la double manifestation de la perversion du bourreau : le crime et son déni [71] ». Un million de morts à l'arme blanche, en une semaine. « Non seulement j'ai dû mourir », dit le fantôme, « mais en plus je dois annoncer que je ne suis pas mort et que j'exagère ! ». Quand un enfant reçoit dans sa mémoire un fantôme qui parle ainsi, il doit s'identifier à une filiation désintégrée. « Alors quoi, mes parents ont fui l'Arménie pour une bagatelle, un mouvement de rien du tout. Et je dois m'identifier et m'inscrire dans la filiation de ces peureux ! »

« Tes parents ont exagéré », dit le négationniste, « il n'y a eu que huit cent mille morts, ou cinq cent mille, et encore, ils sont morts de froid ou du typhus. L'armée et les prisonniers libérés à cette occasion n'en ont égorgé que cent mille ; et puis tes parents risquaient de pactiser avec l'armée russe ». Le négationniste qui parle ainsi relativise le crime des ancêtres auxquels il s'identifie. « C'étaient des braves gens, ils n'ont pas fait grand-chose, un petit crime, un détail dans les cent mille ans d'histoire de l' " Homme-Sage ". » Mais en banalisant le crime, le négationniste révèle qu'il s'identifie aux assassins dont il soigne l'image, démasquant ainsi son intention de poursuivre leur travail.

Les Arméniens d'aujourd'hui refusent de désintégrer leur filiation. Ils témoignent de l'évolution classique en trois générations : « La première génération a survécu au grand massacre, a mené un travail d'adaptation... La seconde a bénéficié des efforts et de l'argent accumulés... et a fourni nombre d'assimilés... La troisième est... en quête de racines [72]. »

La guerre des fantômes vient d'être déclarée. Le spectre des négationnistes reprend les mêmes arguments, les mêmes exemples, les mêmes tournures de phrases que leurs ancêtres tueurs. Mais les petits enfants des persécutés cherchent des revenants qui racontent leurs racines.

Quand les fantômes se font la guerre et cherchent encore
à se tuer, leurs enfants souffrent encore plus
de la représentation du trauma.

L'atmosphère des secrets est toujours orageuse : « Que se passe-t-il ? D'où vient cette étrangeté ? Du silence de mon père ? Des yeux baissés de ma mère ? De l'insolite de cet objet ? Mes parents ne sont pas comme les autres. Ils ont connu l'exceptionnel, comme les surhommes... et les sous-hommes. » On passe facilement d'une émotion à l'autre, c'est une question d'humeur qui change en un clin d'œil. Mais dans l'ensemble, les enfants dont les parents ont été martyrisés sont fiers des épreuves qu'ils ont su surmonter : soixante-neuf pour cent des enfants de déportés admiraient leurs parents et veulent des récits [73]. Mais dix pour cent s'en méfient et pensent que si leur père en a réchappé, c'est qu'il

a pactisé avec l'agresseur [74]. S'identifier à des parents vain-
cus oriente vers la dévalorisation de soi-même ou le désir
de revanche. Mais ne pas s'identifier à eux mène à la trahi-
son, à la honte de soi-même et à la culpabilité. Le moyen
que trouvent les enfants de parents blessés pour surmonter
le malaise qu'ils éprouvent devant l'épreuve de leurs
proches, c'est de renforcer leurs représentations. Puisqu'ils
n'ont pas à subir la perception directe du traumatisme et
qu'ils n'en ont reçu que des indices étranges, c'est dans la
représentation que se développe leur souffrance ou leur
résistance. Quand les parents reçoivent le coup, les enfants
doivent surmonter l'idée qu'ils se font de ce coup.

Le traitement de la souffrance n'est pas du tout le même
pour les uns et les autres. Les parents reçoivent un coup
réel contre lequel ils se défendent par mille moyens coûteux
qui atténuent le mal. Alors que les enfants doivent affronter
une représentation qui, comme les épures et les symboles,
en se stylisant, provoque des émotions bien plus intenses,
contre lesquelles ils se défendent moins bien.

Nous possédons les outils [75] biologiques et psychologiques qui permettent de soutenir que les proches des
traumatisés dont ils partagent les émotions et dont ils
éprouvent les souffrances sont souvent plus altérés que les
blessés eux-mêmes.

Trois dosages : le cortisol, les récepteurs aux corticoïdes
et la sécrétion de CRF *(Cortico-Releasing-Factor)* révèlent
que les enfants des traumatisés sont chroniquement dépri-
més. Le bain d'angoisse dans lequel ils se développent, en
stimulant sans cesse leurs émotions, finit par les épuiser.
Le fait que les récepteurs cérébraux deviennent hyper-
sensibles à toute stimulation explique que ces sujets
éprouvent le banal comme une véritable agression. Quant à
la sécrétion de CRF, l'hormone cérébrale qui stimule les
cortico-surrénales et les hormones du stress, elle est quatre
fois plus élevée chez ces enfants que dans la population
témoin.

Le paradoxe de cette impressionnante découverte, c'est
que le traumatisé est biologiquement mieux préparé au
stress comme un champion entraîné à répondre aux

épreuves. L'adaptation émotionnelle au traumatisme n'est pas une réaction de défense transitoire, c'est un mode de réaction biologique acquis, « c'est l'empreinte indélébile d'un événement traumatique [76] ». Après une agression, la métamorphose est biologique. Le blessé a acquis désormais une manière de sentir le monde et d'y répondre. Meurtri lors de son enfance, il acquiert, comme un champion, un mode de réaction. Mais comme il s'agit d'une empreinte, d'une trace dans la mémoire biologique, il devient hypersensible à un type d'événement. S'il le rencontre quarante ans plus tard, le surhomme s'effondre devant une toute petite épreuve qui, pour lui, rappelle l'agression majeure.

Quant au proche du traumatisé, il s'attache à un champion vulnérable dont émane une fièvre émotionnelle qui imprègne ceux qui l'aiment. Le proche du blessé reçoit un stress sans visage, une agression sans forme qui vient de la personne d'attachement. Sans savoir pourquoi, il se sent épuisé, toujours un peu anxieux, comme en alerte, sans raison. Il ne sait pas contre quoi se défendre, puisqu'il a l'impression que le mal vient de lui-même et sûrement pas de ceux qui l'aiment. Cette transmission de la souffrance ne peut se faire qu'entre deux personnes attachées et capables d'empathie. Si l'enfant n'est pas attentif à ce qui vient de sa mère, il se protégera mieux que celui qui, trop attaché, en perçoit le moindre indice émotionnel.

Plusieurs milliers de jumeaux identiques ont été envoyés faire la guerre au Viêt-nam. Leur proximité biologique, comportementale et émotionnelle leur donne un style affectif qui se transmet très vite de l'un à l'autre. « On se comprend à la perfection », disent-ils. Le résultat de cette très grande empathie, c'est que le jumeau qui n'a pas subi l'événement traumatisant en souffre beaucoup plus que celui qui a dû l'affronter. De même, les enfants de survivants de l'holocauste souffrent trois fois plus de syndrome post-traumatique que leurs parents qui l'ont subi [77].

Il n'est pas difficile d'expliquer cette transmission psychique d'un trouble organique. Le parent traumatisé s'adapte à la meurtrissure par des mécanismes de défense coûteux mais efficaces : le clivage de la personnalité, le déni de mémoire, la compensation par la rêverie, le militantisme et l'altruisme sont les plus classiques. Ces défenses de blessé organisent un style relationnel fait de colères, de gaieté, d'amour angoissé, de folles rêveries nécessaires ou de combats altruistes que partage le proche. Mais il ne peut pas comprendre la raison des colères, des silences, de l'amour désespéré et du surmenage permanent de celui qu'il côtoie. Il en reçoit le trouble, sans en identifier la cause. Quand le blessé a dû affronter le réel, le proche, lui, a lutté contre un fantôme. « Une transmission ne se fonde pas sur un contenu mais avant tout sur l'acte de transmettre [78]. » Il n'est pas nécessaire de parler pour troubler ceux qui nous aiment. La trace de l'événement traumatique qui vit à l'intérieur du psychisme comme une crypte lourde altère les comportements, les émotions du blessé et souvent son cerveau atrophié dans les zones profondes des émotions et de la mémoire [79] qui à son tour altère ceux qui lui sont liés.

> *Partager son malheur, c'est demander à nos proches*
> *de mener notre propre combat.*

Quand un enfant se développe dans un tel contexte émotionnel, il reçoit forcément l'empreinte des gestes troublés, évadés de l'histoire secrète de ses parents. Il les intègre dans son psychisme et même dans sa biologie, sans vraiment s'en défendre puisqu'il ne repère pas l'agresseur. Il reçoit quelques indices mystérieux travestis par les personnes qu'il aime le plus.

Puisqu'un secret trouble le blessé et ceux qui l'aiment, la logique mène à dire qu'il suffit de le dévoiler pour que tout soit rétabli. Mais le monde n'a pas de bon sens, et la raison de l'un semble stupide à l'autre. Quand le parleur fait le récit de sa tragédie, il est bien plus troublé par la réaction de celui à qui il se livre que par l'évocation de sa blessure. Quand un adolescent, survivant des camps du Cambodge, confie les horreurs incroyables auxquelles il a survécu, il voit apparaître sur le visage de son ami une mimique de dégoût au moment même où sa bouche dit : « Je t'admire d'avoir surmonté tout ça. »

Partager son malheur, c'est altérer nos proches : « Nous ne sommes même pas sûrs d'avoir le droit de raconter les événements de notre propre vie [80] », dit Alexandre Soljenitsyne. De quel droit allons-nous abîmer la soirée de nos amis ? De quel droit allons-nous confier nos misères à ceux que nous voulons rendre heureux ? Qui m'a fait porte-parole du supplice des disparus ? Sans compter qu'en mettant mon malheur en lumière, je risque de devenir prisonnier de l'image que j'ai toujours combattue. En dévoilant mon secret, je contrains ceux qui m'aiment à mener mon propre combat. « Ma mère avait tellement honte d'elle-même que je ne savais même plus pourquoi j'avais honte de moi. On n'était jamais comme les autres. Il fallait faire mieux », m'expliquait cette jeune femme qui militait dans une association d'aide aux prisonniers, devinez pourquoi.

On oublie la fonction défensive du secret. Quand une victime se dévoile, elle se met à nu, exposée au regard des autres, parfois gourmand, souvent moqueur. Dès que la défense est tombée, le malheur appartient aux autres. On s'est confié à des gens qui vont en jouer. On ne s'appartient plus. Que va-t-on faire de nos douleurs dans une culture qui veut les utiliser, les relativiser, en rire ou les dramatiser ? S'il suffit de garder un secret pour se protéger, c'est qu'il suffit de le dévoiler pour se rendre vulnérable. À moins qu'on ne se soit longuement renforcé auparavant, comme si le parleur disait : « Maintenant que je me suis rendu assez fort pour le dire, venez donc vous affronter à moi [81]. » Voilà pourquoi il faut trente à cinquante ans de musculation du Moi pour se rendre capable de simplement le dire.

Simplement : là est le problème. Parce que aucune société ne serait capable de l'entendre simplement. Le secret est nécessaire dans une civilisation où une personne est une valeur. Mais « dans une culture où l'individu n'existerait pas, le secret n'aurait pas lieu [82] ». Dans tous les groupes humains où l'individu n'est qu'un « sous-même » contraint à s'identifier à un seul modèle, où la personne n'a pas le droit de se développer ailleurs que dans la direction donnée par le conducteur, les secrets sont combattus. Les cultures de l'aveu n'hésitent pas à torturer au nom de la morale. Une des meilleures ventes après l'invention de l'imprimerie a été le *Maleus maleficarum* qui codifiait les techniques de supplice recommandées par l'Inquisition pour obtenir des aveux afin que toutes les croyances soient uniformes et que tous les « sous-mêmes » habitent le même récit. Les dictatures idéologiques ont tenté de réaliser le même projet avec des méthodes variables. Certains voulaient que les papiers soient en règle et lèvent tout secret sur les origines afin que la race soit pure [83]. D'autres ont imposé des privations de sommeil afin que l'aveu soit clair et permette au récit social de ne pas être troublé par d'autres manières de penser. Ces tortures ont pour enjeu non dissimulé de réduire chaque individu au rôle de « sous-même », afin que le groupe fonctionne au mieux, dans l'adoration du chef, le grand « Sur-même ».

L'aveu extorqué devient un viol des âmes et les victimes, après avoir été meurtries par l'agresseur, sont à nouveau tourmentées par les représentants sociaux qui les forcent à redevenir normales.

Les enfants maltraités veulent sauver leur mère. « Je me suis cogné contre la porte », ou « je suis tombé dans l'escalier » sont les mensonges habituels qui, en sauvant l'honneur de la mère, permettent à l'enfant d'avoir un peu moins honte. Après le dévoilement de l'agression, l'enfant n'a plus qu'à faire son deuil de l'amour maternel : « C'est fini, j'ai révélé les tortures qu'elle m'infligeait. Elle ne me le pardonnera jamais. En rendant publiques les tortures de ma mère, je m'expose à la honte, je suis celui qui a une mère terrifiante. On ne me regardera plus comme avant. » Souvent, après les aveux extorqués par des âmes compatissantes, l'enfant se sent plus seul que jamais et exposé à tous les coups, puisqu'il a cédé à ceux qui lui demandaient d'ouvrir sa crypte défensive. Mais les fonctionnaires rentrent chez eux après leur travail, et l'enfant reste seul, nu et sans défense. Il a même perdu tout espoir de lien puisque, aux plus grands moments de sa misère affective, il éprouvait quand même des éclairs de bonheur dans l'enfer maternel,

des « tranches de paradis », comme dit David Brisson. « Je
me souviens d'une parenthèse [...] : ce jour-là, j'étais sorti
avec ma mère [...] On s'est promenés toute la journée [...] Je
la faisais rire. Et elle riait vraiment [84]. » Ces îlots de bonheur sont nécessaires pour maintenir l'espoir. Ils persistent
tout au long de la vie. Et quand l'aveu consiste à simplement désigner l'agresseur en le dévoilant à la gourmandise
publique des bien-pensants, il détruit tout espoir de réhabilitation. Pour que la victime ne se sente pas affaiblie par
l'aveu, il faut qu'elle soit soutenue, de l'extérieur, par une
aide sociale et psychologique, et de l'intérieur, quand elle a
pu développer un sentiment de force.

L'aveu modifie le sentiment de soi en changeant l'image
qu'on dessine dans l'esprit de l'autre. Quand un criminel se
sent coupable, l'aveu l'apaise en lui permettant de se nor-
maliser en expiant. Mais quand un enfant révèle qu'il a été
agressé par ceux qui auraient dû le protéger, il détruit dans
l'esprit des autres l'image de ceux qu'il aurait voulu aimer.
L'enfant devient alors agresseur... comme l'agresseur dont
il a honte. Beaucoup d'enfants maltraités, dans l'instant
même où ils reçoivent les coups et les humiliations,
méprisent leur mère qui ne sait pas se contrôler. Mais
quand ils révèlent la maltraitance à des adultes bien-
pensants qui poussent des cris d'horreur ou se délectent du
récit de sa souffrance, l'enfant éprouve non seulement la
honte de ne pas avoir une mère comme les autres, mais il se
sent coupable de devenir à son tour agresseur, semblable à
l'agresseur qu'il méprise. L'aveu se transforme alors en
faute, et l'enfant se punit d'avoir fait punir sa mère.

Il n'est pas rare que l'enfant veuille sauver son agresseur
ou en préserver l'image. Il ment alors pour dessiner dans
l'esprit de l'autre une image socialement acceptable. Il
invente une mère idéale, un père parfait, dissociés de la
réalité dont il souffre en secret. « C'est une voisine qui m'a
poussée dans l'escalier », disait cette petite fille incroyablement mutilée. « Mes parents ont oublié de me laisser la clé
de la maison », disait ce petit garçon dont les parents
étaient partis en vacances en laissant volontairement
l'enfant dehors, pour qu'il ne salisse pas la maison. Ce men-

songe protège l'enfant puisqu'il offre aux autres une image de parents idéalisés qui lui permet de croire qu'il est comme les autres, normal, avec des parents normaux. « Je ne suis donc pas l'enfant d'un monstre. » Ce mensonge qui préserve l'image des parents permet en fait de sauver l'image de l'enfant.

> *L'effet du secret dévoilé dépend de celui qui l'écoute*
> *et de la manière dont lui-même éprouve la confidence.*

Il faut être fort pour se permettre un aveu qui déstabilise l'entourage. Mme B., pendant les premières années de son mariage, a eu pour amant le père de son mari. Elle n'en a jamais parlé, mais ce secret verrouillé altérait fortement les relations avec sa famille qui lui reprochait ses moments de morosité et ses colères inexpliquées. Jusqu'au jour où, torturée par ce passé qui la hantait, elle l'a avoué à son mari, qui s'est suicidé.

Mme M. a subi l'inceste pendant des années jusqu'au moment où, pour fuir son père, elle a trouvé un travail à l'étranger. Avec la distance, elle a osé enfin parler à une association qui aussitôt a volé à son secours. Elle a donc été très fière d'« envoyer son père en prison », mais cette victoire lui a coûté cher : « Quand j'ai révélé mon secret, j'ai perdu tous mes amis. On lave son linge sale en famille. Moi je l'ai lavé en public. J'ai gêné tout le monde. Ma famille ne me l'a pas pardonné. Je suis seule depuis. Mes relations n'ont plus jamais été les mêmes. »

Carine, elle, a écrit un livre pour exorciser ses relations avec son père. Puis elle a épousé un gentil garçon avec qui elle a eu un enfant. Son livre a eu un tel succès que parfois on l'arrêtait dans la rue pour lui demander devant la fillette en âge de comprendre : « Et cette enfant, vous l'avez eue avec votre père ? » « Ce livre me suffoque », dit-elle. « Depuis que j'ai révélé mon malheur, les gens m'empêchent de ne plus y penser. »

Mme C. se barricadait pour échapper à son père. « Je le disais à mes amants. Ça leur faisait perdre leurs moyens. Maintenant je mens. J'ai rencontré un homme qui lui aussi a un secret. Ça me fait du bien de penser qu'il a eu une détresse, comme moi. » Un secret partagé est plus facile à supporter quand l'autre sait l'entendre et ne pas le divulguer. Mme C. aimait partager la détresse de son nouvel amant. Ça lui permettait de se sentir son égale. Elle ne connaissait pas son secret, mais depuis qu'elle le côtoyait, elle n'éprouvait plus de honte, car lui aussi contenait dans son histoire un mystère douloureux.

Mais quand M. P. a confié à un collègue comment sa mère le sollicitait, il a vu dans le regard de celui-ci une lueur goguenarde. Il s'est mis instantanément à haïr l'homme à qui il venait de se confier : « J'avais besoin de le dire. Mais dès que j'ai vu changer son regard, dès que j'ai compris que ma honte le faisait rire, je l'ai détesté. Je me sens mal maintenant sous le regard de celui qui sait. J'ai encore plus honte. »

Il ne suffit pas de dire son malheur pour que tout soit réglé. La réaction de celui qui entend le secret imprègne un sentiment dans le psychisme de celui qui se confie. C'est pourquoi le secret révélé peut aussi bien provoquer un soulagement qu'une torture. Il n'est pas rare qu'une victime confie pour la première fois, à la télévision, l'horreur de sa tragédie. Paradoxalement, cet acte public est le contraire d'une indécence, c'est un acte intime : « Quand j'ai voulu en parler à ma grand-mère, elle m'a fait taire. Mes voisines m'ont dit que je mentais, que mon père était un brave homme. À la télé, au moins, je suis sûre de m'adresser à ceux qui sauront me comprendre. » Parler à huit millions de personnes par désir d'intimité !

Pour comprendre ce dilemme, il a fallu comparer une population de blessés qui ont révélé leurs tragédies, avec une population identique qui a gardé le secret. La réponse est claire : il n'y a pas de différence [85] ! Mais que les populations soient identiques ne signifie pas du tout que les individus n'ont pas été modifiés par le fait de taire leur secret ou de le révéler. Les uns sont améliorés, les autres sont aggravés, ce qui fait que le chiffre populationnel ne change pas, alors que chaque individu qui compose la population a changé. Ainsi parlent les chiffres. Et quand il y a secret, ils parlent encore plus mal. Mais la conclusion de ces travaux mène à dire que « les enfants qui ne dévoilent pas, ou du moins pas tout de suite, présentent moins de symptômes que ceux qui dévoilent [86] ». Le « pas tout de suite » est important parce qu'il témoigne de la nécessité de tenir compte du temps de l'aveu, du moment où le blessé s'est rendu assez fort pour le dire et de l'époque qui a pris assez de recul pour l'entendre. Le blessé qui éprouve une contrainte intérieure à témoigner se tait le plus souvent parce que le groupe social lui ferme la bouche. Comment parler à sa propre fille ? Comment lui raconter les souffrances de la guerre, quand celle-ci reconnaît, quarante années plus tard : « Je ne voulais rien savoir. J'avais peur de la commémoration du cauchemar [87]. » Quand on sait que les proches du blessé éprouvent une souffrance par contagion psychique, on ne peut pas leur reprocher de se défendre. Mais quand la proximité affective fait tomber les défenses, les troubles sont encore plus grands.

Martine était âgée de six ans quand son père est rentré des camps. Elle était véritablement terrorisée en écoutant cet homme décharné détailler des histoires terrifiantes : « Il faisait exprès de nous raconter ça pour nous faire de la peine. Je lui en voulais. Alors je n'écoutais pas. »

Quand Pierrot s'est engagé dans la Résistance à l'âge de seize ans, il est resté seul vivant, toute sa famille a disparu. Après la guerre, il a poursuivi ses activités militantes et réunissait régulièrement chez lui de vieux résistants âgés de quinze à trente ans. Leurs enfants jouaient ensemble et baignaient dans ces histoires de mort, de tortures, de lynchages et de dénonciations. Trente ans plus tard, presque tous ces enfants souffrent d'un syndrome post-traumatique. Fascinés par la mort, la conspiration et l'injustice, leurs nuits sont torturées par d'incessantes angoisses dont ils repèrent mal l'origine puisqu'ils aiment celui dont ils partagent l'agression. Mais ils ne l'éprouvent pas de la même manière puisque Pierrot et ses amis évoquent des tragédies qui, dans l'après-coup, sont devenues des victoires, alors que les enfants, eux, n'éprouvent que l'horreur.

Pendant la guerre, Agnès était heureuse avec sa mère et ses deux petites sœurs. Mais quand son père est rentré de déportation pour cause politique, il racontait sans cesse l'amoncellement des cadavres, le liquide qui en coulait, ses amis qui chaque matin mouraient debout pendant l'appel. Pendant plus de trente ans, Agnès tremblait de peur à tout événement nouveau et chaque soir, elle cherchait sous son lit l'amoncellement de cadavres. Elle reniflait l'odeur éventuelle d'un liquide dans sa chambre et attendait la mort banale de ceux qu'elle aimait.

Tous ces pères, maltraités par la guerre, s'étaient bien défendus, avaient bien résisté et, la paix revenue, ils avaient lutté contre le déni ou contre le clivage en racontant authentiquement les épreuves qu'ils avaient eues à surmonter. Ils se sentaient beaucoup mieux. Mais leurs enfants se demandaient pourquoi ils avaient tant de mal à vivre dans un monde en paix, alors que leurs pères avaient triomphé de tant d'horreurs. La victoire des pères, exprimée sans précautions, avait imprimé dans l'esprit des enfants un sentiment de soi dévalorisé.

On ne peut pas tout dire. Seuls les psychotiques et les pervers expriment tout ce qui leur passe par la tête puisqu'ils ne tiennent pas compte de l'effet que leurs phrases produisent dans le monde mental de l'autre. Peut-on dire à sa fille de huit ans, comme l'a fait Mme F. : « C'est l'autre qui est morte. Ta sœur. J'aurais préféré que ce soit toi. » Peut-on faire comprendre qu'on veut embellir la maison de celle qui nous a maltraité, pour la séduire et « lui prouver qu'elle a eu tort de ne pas m'aimer » ? Peut-on comprendre cette phrase étonnante : « Je le déteste tellement que je donnerais n'importe quoi pour qu'il m'aime [88]. »

Pour ne pas être étranger à soi-même, il faut que l'entourage ait d'abord rendu possible la musculation du moi.

Je parle pour ne plus être un étranger à moi-même, mais dès que j'ai parlé, je change mon image dans l'esprit des autres, et j'ignore ce qu'ils vont en faire. Je m'exprime pour m'imprimer dans l'autre. Mais quand, dans mon langage intérieur, je me fais chaque soir le récit de mes souffrances, ce travail n'agit pas sur les représentations publiques. Ce n'est que lorsque je me confie que je me livre au tribunal de l'autre. J'espère, en livrant mon secret, que ce partage d'intimité modifiera son monde de représentations et l'image qu'il se fait de moi. Sa réponse n'est pas obligatoirement verbale. Il peut aussi se taire, mais sa manière de faire silence devra signifier : « Je t'accepte avec ton secret. Et ceci désormais nous lie. »

En revanche, parler au plus grand nombre, livrer sa tragédie, ce n'est pas confier un secret, ce n'est plus partager, c'est s'exposer comme on s'expose aux coups ou comme on fait un exposé. Dire son secret en public, c'est choisir son clan, à condition d'en avoir un. Car se livrer tout seul, c'est se livrer dans sa plus grande vulnérabilité. Un secret partagé est un acte d'intimité qui tisse un lien, alors qu'un secret rendu public est un engagement social. C'est dire que se délivrer d'un secret ne peut donner une sensation de soulagement et rendre sa personnalité enfin cohérente et non amputée que si le blessé s'exprime dans un réseau de paroles où les récits familiaux et culturels acceptent son témoignage.

Les fracas sociaux qui permettent de défendre cette idée ne manquent pas. Il suffit d'en faire une étude un peu organisée [89]. Une population de quatre cent douze Juifs russes fracassés par la guerre a été scindée, en 1947, en deux groupes d'immigrants. Ceux qui ont été orientés vers Israël où leurs récits étaient acceptés, je dis bien « acceptés », simplement, sans emphase ni commisération, n'ont pas donné une forte proportion de dépression ni de troubles anxieux. Alors que l'autre partie de la population, ayant subi la même histoire, a été orientée vers les États-Unis où, comme tous les immigrants de cette époque, on les a laissés se débrouiller seuls, avec peu de paroles, peu d'amitiés et d'aide sociale autour d'eux. Dans ce sous-groupe, la proportion de dépression a été beaucoup plus forte [90]. Quand on cherche à repérer quelle catégorie déprime le plus, on trouve les personnes âgées, les veufs et les divorcés, c'est-à-dire les solitaires qui ne s'insèrent pas dans un réseau de paroles. La confidence, au sens banal du terme, possède un étonnant pouvoir protecteur, à condition que le sujet qui confie son secret se sente en confiance. Ce qui dépend uniquement de l'alentour familial, amical et surtout social[91]. D'ailleurs, les femmes entourées de maris, de familles et d'amis ont souffert dix fois moins de dépression que les femmes solitaires du même groupe qui avaient connu les mêmes agressions en Russie.

Le pouvoir tranquillisant de l'effet-parole dépend fortement de l'empathie de celui qui écoute. Par son attitude affective et par la représentation sociale qu'il incarne, il donne au blessé la possibilité d'exprimer sa souffrance. Les tranquillisants chimiques soulagent incontestablement, mais leur action est moins rapide que l'effet-parole. Et surtout, le soulagement chimique ne dure que quelques heures, alors qu'une fois qu'on a livré son secret et qu'on a cherché à comprendre sa souffrance, on n'est plus le même, on est métamorphosé.

Quand le blessé redevient cohérent et entier parce qu'il se sent accepté avec son passé, l'entourage aussi éprouve un étonnant soulagement. Les fantômes rentrent à la niche quand la crypte s'est ouverte. Dans une population de deux mille lycéens de Jérusalem dont les parents avaient été déportés, il n'y a pas eu plus de troubles psychologiques que dans la population témoin[92]. Ce qui n'est pas le cas d'une même population d'enfants parisiens[93]. Les parents blessés, réduits au silence par une culture qui n'acceptait pas leur tragédie, ont presque tous transmis le trouble angoissant du secret. Et les parents blessés, contraints à l'exhibition par une culture qui exploitait leur souffrance, ont presque tous transmis l'angoisse du traumatisme.

Quand les vétérans russes âgés de trente à quarante ans sont rentrés d'Afghanistan, la société les a cruellement fait taire. Partis à dix-huit ans pour faire une guerre dépourvue de sens, ils sont revenus mutilés, amputés, traumatisés et contraints au silence. Pas de pension d'invalidité, pas de soins gratuits, pas de diplômes, pas de socialisation. Comme ces jeunes Américains de retour du Viêt-nam quand ils ont voulu témoigner, la population et les médecins les ont accusés de mentir ou de simuler des troubles[94].

Cette escroquerie sociale qui envoie au massacre et à la souffrance extrême des jeunes gens qu'ensuite elle abandonne et qu'elle fait taire afin qu'ils ne gênent pas ceux qui sont restés au foyer, évoque fortement les oubliés de « l'opération de police en Algérie ». On ne parle pas de guerre, on n'ouvre pas de centres de soins pour eux, on ne les aide pas et on les accuse même d'être partis en vacances pour défendre les colons. Non seulement ils sont seuls, ce qui aggrave leurs troubles et ceux de leurs familles, mais comme il est de règle dans ces cas-là, le négationnisme ridiculise leurs souffrances.

Nous nous trompons de malade. Ce n'est pas tant sur le blessé qu'il faut agir afin qu'il souffre moins, c'est surtout sur la culture.

Tous ces témoignages mènent à proposer : pour que le blessé cesse de souffrir, pour que l'amputé se remette à marcher et que son entourage n'éprouve plus l'angoisse venue de l'au-delà, c'est sur la culture qu'il faut agir.

Parmi les réactions de défense qui poussent les agressés à rebondir, la créativité constitue un très bel outil qui les invite à participer à l'aventure culturelle. S'ils se taisent, on les trouve étranges, on les appelle « fourbes », mais quand ils parlent, certaines bonnes âmes font allusion à la commercialisation de leurs souffrances. Entre la contrainte intérieure qui les pousse à parler et la force extérieure qui les oblige à se taire, les âmes altérées découvrent souvent que la créativité devient leur meilleur moyen d'expression.

Il ne s'agit pas d'une explication du génie créateur, mais nous pouvons démontrer « quels facteurs lui ont donné l'éveil et quelle sorte de matière lui a été imposée par le destin [95] ». La créativité est facilement considérée comme un don du ciel, un acte presque divin, un « psychisme-plus », surnaturel en quelque sorte : les hommes créateurs seraient proches des surhommes. C'est au contraire la perte, l'absence, le deuil qui contraignent le blessé à remplir ce vide par des représentations, sous peine d'éprouver l'angoisse de la mort, du rien, du zéro et de l'infini. C'est

dans ce vertige du vide provoqué par la perte que le symbole crée une représentation qui vient à la place de l'objet
perdu. L'image et le mot stylisés comblent le vide de la
perte. Faire revivre le mort, redonner le plaisir de vivre à
l'homme meurtri « sont présents au berceau de la culture
humaine [96] », dit André Haynal.

La naissance de l'image lutte contre le désespoir de la
perte définitive, la mort. C'est pourquoi les premières
formes d'art ont été des sépultures, comme plus tard les
tableaux représenteront des mises au tombeau et des résur-
rections. L'image permet de redonner vie au mort dont
l'empreinte est encore vivante au fond de nous. C'est ce qu'a
fait le prince Rainier de Monaco quand, à l'enterrement de
sa femme, il ne pouvait quitter des yeux la photo qui repré-
sentait celle dont le corps reposait dans un cercueil, à côté
de lui. En regardant intensément le visage de la morte, il
transformait le désespoir de sa perte en un douloureux plaisir de la faire vivre encore un peu.

C'est la peur du noir qui nous pousse à éclairer les
mondes inconnus. C'est la peur du départ de la mère qui
nous a fait inventer le nounours quand nous étions petits,
comme c'est la peur du retour de la meurtrissure qui nous
engage à travailler pour qu'elle ne revienne jamais. La souffrance du manque, la douleur de la perte nous contraignent
au symbole. L'art fait revivre les morts, comme la philosophie panse les blessures. « La fréquence de l'orphelinage
ou de séparations précoces dans les populations créatives
est un fait frappant [97]. » Balzac, Gérard de Nerval, Victor
Hugo, Ernest Renan, Arthur Rimbaud, George Sand, Zola,
Baudelaire, Alexandre Dumas, Stendhal, Maupassant et
plus de la moitié des grands écrivains du xixe siècle,
confirment cette idée. L'acte de création colmate la brèche,
répare la meurtrissure, et permet de redevenir soi-même,
totalement. Deuil et créativité sont liés puisque celui qui a
perdu est contraint à se représenter ce qu'il ne perçoit plus.
La créativité n'est pas une aptitude cérébrale ou molé-
culaire, puisqu'elle est totalement liée à l'histoire de la vie
du blessé-créateur qui doit, pour se préserver, restaurer
l'objet perdu, « se réconcilier avec la mort [98] », disait Freud.

C'est peut-être pour cela que la blessure qui fait serrer les dents prend, dès qu'on peut la dire, la forme d'une théâtralisation. La mise en mots d'une souffrance respecte presque toujours les règles du bon théâtre [99] :

– L'auteur énonce son identité narrative : « Moi, comte de Monte Cristo, je suis celui qui a été injustement incarcéré. »

– L'action : « J'étais au château d'If, une prison en pleine mer, lorsque soudain... »

– Le but : « Je veux me venger, vingt ans après. »

– La scène : « Entrez, entrez et vous verrez comment j'ai fait pour prendre ma revanche sur la scène de la bourgeoisie montante du XIXe siècle. »

– L'instrument : « C'est par la réussite sociale que je vais les punir. »

Tous les ingrédients existent dans le réel pour mettre en scène le héros triomphant de l'épreuve. En fait, le thème de la pièce de théâtre ou du roman est donné par le fracas lui-même : « [...] prouver que le génie n'est pas un don mais l'issue qu'on invente dans les cas désespérés... retracer en détail l'histoire d'une libération [100] », commente Jean-Paul Sartre à propos de Jean Genet.

De nos jours, rien n'a changé puisqu'il s'agit d'une défense fondamentale depuis que l'homme pense la mort et lui oppose des œuvres d'art : « [...] il se trouve toujours quelqu'un pour se demander, l'air sombre, s'il est encore possible, après Auschwitz, d'écrire des poèmes... Or, s'il y avait effectivement quelque chose d'impossible aux rescapés doués de génie littéraire, c'était de ne pas écrire de récits. Il leur fallait raconter... témoigner pour les disparus et les arracher à leur destin anonyme... [par] cette impérieuse nécessité de donner aux morts l'assistance narrative qu'ils réclament [et] [qui] relève encore de la poésie [101] ». Toute lutte contre la mort, c'est-à-dire toute conscience de la vie, contraint à la poésie : « [...] sans l'art, [...], la compréhension intime de ce qui était en jeu à Auschwitz ou à Kolyma nous serait barrée pour toujours [102] ».

Jean-Paul Sartre, Alain Finkelkraut et Alexandre Soljenitsyne sont d'accord pour donner la parole aux blessés de l'âme. Mais un simple récit clinique ou une description crue ne suffiraient pas à réparer la meurtrissure et à redonner vie aux morts.

Celui qui a tenté l'expérience s'appelle Polichinelle. Quand ce personnage farceur est né à Naples en 1649, tout le monde avait vu s'arrondir le ventre de sa mère. Elle seule refusait de voir la réalité. Les voisins, eux, affirmaient qu'elle avait un polichinelle dans le tiroir. Maman Polichinelle accoucha donc sous X et le bébé souffrit de dépression précoce. Il s'ensuivit un retard de croissance staturo-pondéral avec une cypho-scoliose dorsale très marquée. N'ayant jamais connu l'amour de sa mère, il pensait qu'aucune femme ne pourrait l'aimer. Alors, pour se prouver le contraire, dès qu'il en voyait une, il s'habillait de manière grotesque et s'agitait devant elle en jouant de la mandoline [103], explique Michel Soulé. Ne se préoccupant pas de l'effet que ses phrases pouvaient produire sur l'autre, Polichinelle disait tout ce qui lui passait par la tête. Il pensait que toute vérité était bonne à dire. À force d'être rossé pour ses révélations, il décida de se taire, mais comme il ne savait pas garder un secret, puisqu'il n'avait pas le souci de l'autre, il laissait toujours échapper un indice qui révélait le mystère. Si bien que tout le monde parlait en secret du secret.

C'est un peu ce qui se passe aujourd'hui : dès qu'on force une victime à livrer un secret, elle le subit encore plus. Pour son entourage, la personne agressée sera désormais caractérisée par son drame qui deviendra « l'explication » de toute sa personnalité et même de son histoire : « Depuis que j'ai avoué que j'ai été victime d'inceste, je suis devenue celle qui a été victime d'inceste. Ça me colle à la peau bien plus qu'à l'époque où je gardais le secret », me disait la jeune femme victime du succès littéraire de sa révélation.

Alors, comment faire pour faufiler ses émotions à travers tant de besoins contraires ? « Il m'est interdit de me taire, il m'est impossible de parler », disait Élie Wiesel [104]. Quand je me tais, mon secret me clive et m'ampute, autant qu'il altère les émotions de ceux qui m'aiment. Mais quand je parle crûment, si je raconte les événements et ce que j'ai ressenti, je suis stigmatisé par le récit des autres, je suis aliéné par leur regard et rendu plus vulnérable que jamais. Alors, pour éviter « le scandale de leur silence et de mon silence [...] j'écris : j'écris parce que nous avons vécu ensemble, parce que j'ai été un parmi eux, ombre au milieu de leurs ombres, corps près de leurs corps ; j'écris parce qu'ils ont laissé en moi leur marque indélébile et que la trace en est l'écriture [105] », écrit le douloureux et gai Georges Perec.

La créativité serait fille de la souffrance. Ce qui ne veut pas dire que la souffrance est mère de toutes les créativités.

Pourquoi cette défense vient-elle si facilement à l'esprit des enfants maltraités : le dessin pour les petits, l'écriture pour les plus grands. Le crayon et la plume nous défendent bien mieux que l'activisme, la vengeance, l'isolement ou la régression. L'écriture rassemble en une seule activité le maximum de mécanismes de défense : l'intellectualisation, la rêverie, la rationalisation et la sublimation. Elle permet en même temps de s'affirmer, de s'identifier, de s'inscrire dans une lignée glorieuse, et surtout de se faire accepter tel qu'on est, avec sa blessure, car tout écrivain s'adresse au lecteur idéal.

La créativité serait-elle fille de la souffrance [106] ? Le tourment n'est-il qu'un aliment de l'œuvre d'art ? On raconte qu'un jeune homme interrogea André Gide : « Comment dois-je faire pour devenir écrivain ? Allez à l'usine », répond le maître. Le bonheur ne donne que des pages blanches. Mais triompher d'une épreuve fera bien un chapitre, peut-être même une œuvre ?

Pour préciser cette idée, deux groupes d'écrivaines ont été rassemblées [107] : cinquante-neuf femmes appartenant à une association d'écrivains ont été interrogées et comparées à un autre petit groupe de cinquante-neuf autres femmes d'âge, d'éducation et de milieu familial comparables. Un questionnaire de personnalité, une évaluation de critères diagnostics et des renseignements sur leur mode de vie ont essayé de comparer le comparable. L'analyse des résultats a révélé deux fois plus de troubles mentaux dans la population d'écrivaines. Il n'y avait pas de psychotique dans ce petit groupe car, pour écrire un livre, il faut planifier les idées, accumuler les notes et maîtriser le réel. En revanche, il y avait cinquante-six pour cent de dépressions récidivantes, des anxiétés de toutes formes, chroniques ou violentes, et de nombreux troubles de conduites alimentaires, anorexie, boulimie, alcool et drogues.

Un travail identique réalisé avec une population d'hommes écrivains a donné des résultats analogues, mais plus alcoolisés et plus mouvementés. Comme les blessures de l'âme proviennent souvent de l'entourage familial et social, les chercheurs, en fouillant l'alentour, ont vu apparaître une régularité dans ces populations : un grand nombre d'écrivaines avaient subi des violences sexuelles avant l'âge de treize ans. Une grande partie de ces deux groupes d'écrivains avaient été maltraités. Beaucoup avaient aimé une mère psychiquement souffrante. Le fait d'avoir un compte à régler, une contrainte intérieure à exprimer sa tragédie pousse à la créativité et remplit les pages. Ce qui ne veut pas dire que l'inverse soit vrai : il n'est pas nécessaire d'être maltraité pour devenir créateur.

On ne sait pas vraiment ce qui fait souffrir un enfant. L'absence d'événements dans un milieu trop protégé crée une situation de confinement affectif qui rend vulnérable à toute nouveauté. Un tel alentour qui, pour l'adulte, ne prend pas de relief traumatisant devient une véritable épreuve pour l'enfant. Proust et Freud ont commencé à écrire après la mort de leur père, car la disparition d'une image prégnante imprégnait en eux une sensation de manque qui les poussait à la création. Comme si la perte, chez ces enfants comblés, les libérait d'un poids et les forçait à remplir le vide par une représentation, au même titre que la mort d'un être cher nous pousse à inventer un rituel et à construire une sépulture. C'est la souffrance du manque bien plus que celle des coups qui contraint à la représentation. Quand Chateaubriand souffre d'une éducation trop dure, ce n'est pas la souffrance qui le rend créateur, mais la mélancolie ainsi engendrée qui le fait souffrir d'isolement. Il peut écrire : « Ce qu'il y a de sûr c'est qu'elle [l'éducation trop dure] a imprimé à mes sentiments un caractère de mélancolie né chez moi de l'habitude de souffrir à l'âge de la faiblesse, de l'imprévoyance et de la joie [108]. » De même que Talleyrand se souvient : « Je me sentais isolé, sans soutien [...] je dois aux pensées du premier âge [...] d'avoir pris l'habitude de penser plus profondément que peut-être je l'eusse fait si je n'avais eu que de petits sujets de contentement. »

Rêver comme un fou pour combler la perte. Rêver ou mourir.

Ceci explique pourquoi les enfants abandonniques séparés précocement de leur mère et placés en institution ont désespérément besoin d'inventer un substitut : « Moi aussi, j'avais une maman » permet à l'enfant de se signifier « Je suis comme les autres ». Et le jeu si fréquent : « On dirait que tu es ma maman » leur permet d'éprouver le sentiment d'avoir une mère. Un enfant qui a des parents joue « au papa et à la maman ». Alors qu'un petit orphelin doit imaginer une représentation théâtrale qui met en scène un autre adulte, « comme si c'était ma maman ». Pour inventer un substitut maternel, il réalise une production en deux étapes, l'une restaurant la sécurité dans un monde interne apaisé, l'autre permettant de surmonter la séparation inévitable [109]. La reconstruction de l'objet maternel annule la séparation. Le bénéfice est immédiat puisque l'enfant s'apaise par une création imaginaire qu'il apprend vite à aimer : « J'aime rêver..., j'aime écrire..., j'aime imaginer des scènes de théâtre », disent souvent ces petits créateurs. Mais cette défense agréable met en place un piège relationnel car l'enfant attribue à l'autre le pouvoir d'être mère à la place de sa mère. Et dans le réel, toutes les femmes ne veulent pas être mère, ou, en tout cas, n'être que cela. Si bien qu'après avoir inventé une mère dans son théâtre intime, l'enfant, en vieillissant, devra en trouver une autre dans la réalité. La mère imaginée permet de supporter la perte de la mère réelle, mais plus tard, en se développant, le jeune carencé devra apprendre à établir d'autres relations

avec une femme. Puisqu'il n'a jamais eu l'occasion
d'apprendre comment on aime une mère réelle, il est toujours contraint à la création et à l'apprentissage, et ceci
d'abord dans l'imaginaire, avant de l'appliquer au réel. Ce
cheminement psychologique constitue le contraire de la
démarche habituelle.

Le petit Stanislas a eu quatre ans pendant la guerre de
1940. Il s'est couché un soir dans sa belle maison. Quand le
bruit du bombardement l'a réveillé, son toit était effondré
et sa famille avait disparu. Il a été très étonné de ne pas
souffrir, un peu honteux de vivre, désemparé par l'étrange
silence qui suivit le fracas et par l'immense sensation de
vide autour de lui. Ce n'était plus la peine d'appeler, ni de
pleurer, ni même de chercher du regard. Personne. Il est
resté longtemps sur le dos, les yeux en l'air, dans le vide.
Presque trois ans, sans parler, à survivre. Il avait à peu près
sept ans quand la reconstruction de Varsovie fut entreprise.
Les maçons avaient d'abord monté des décors en bois qu'ils
avaient peints afin de représenter en image ce qu'ils avaient
l'intention de reconstruire dans le réel. Ce décor a éveillé un
espoir chez le petit Stanislas. Il a pensé « ce sera pareil
pour moi ». Alors, il s'est mis à rêver comme un fou.
« Quand je serai grand, je ferai ça et ça. » Il s'est remis à
parler pour raconter ses rêveries diurnes qui, comme le
décor de Varsovie, lui donnaient un espoir incroyablement
euphorisant. Le réel fracassé devenait secondaire. Stanislas
marchait sur des nuages et souriait doucement en habitant
les rêves qu'il ne cessait d'inventer. Placé dans une institution froide et désolée qui avait recueilli un millier d'enfants,
il en souffrit à peine. Il y avait si peu de personnel pour
s'occuper des petits qu'aucun adulte ne lui adressa la parole
pendant plusieurs années. Les seuls rapports étaient les
coups afin que les enfants marchent en ordre, dans la
neige, pieds nus, lors des promenades obligatoires. Dans
l'immense réfectoire sonore, les repas étaient légers. Les
enfants aspiraient à être de « corvée de table », car celui qui
passait le chiffon mouillé à la fin du repas pouvait ainsi
racler une poignée supplémentaire de miettes de pain et de
débris alimentaires. Stanislas éprouvait ce rabiot comme

une joie, un événement heureux, une petite farce. Le soir,
les dortoirs de cent lits étaient glacés et le seul surveillant,
séparé de la salle des gosses par un drap de lit tendu, faisait
régner la terreur afin de s'endormir un peu plus tôt. Stanislas aimait beaucoup ce moment d'isolement dans son lit
gelé car chaque soir, au moment du laisser-aller au sommeil, il avait rendez-vous avec ses rêves.

Presque tous les enfants résilients, heureux malgré tout
dans un monde de glace, de désolation et de faim, ont tenu
le coup grâce à l'étonnant pouvoir réchauffant de la rêverie.
Ces moments de bonheur, coupés de la réalité du monde
environnant, mettent en images un même type de scénario :
l'enfant, seul, isolé du monde des adultes haineux,
découvre une cachette merveilleuse, un morceau de paradis
affectif. Stanislas, chaque soir, se promenait dans une forêt
sans feuilles où les arbres étaient méchants. Ils voulaient
l'accrocher et le blesser de leurs branches griffues. Mais
l'enfant connaissait une porte invisible dans un tronc
d'arbre creux. Il descendait un petit tunnel et là, sous la
terre, loin du monde des hommes, l'attendaient des animaux merveilleux, tous plus beaux les uns que les autres.
La fête commençait, avec des biches qui gambadaient, de
rigolos chiens de traîneau, et même des aquariums qui
éclairaient le monde souterrain de mille couleurs vives.

Le petit Serban, dans les orphelinats de Roumanie, vingt
ans plus tard, a trouvé le même mécanisme de défense. Il
vivait dans une salle de soixante lits où personne ne parlait.
Certains de ses camarades se balançaient sans cesse et, à
chaque mouvement, le lit avançait de quelques millimètres.
Le soir, les « femmes punies », condamnées à s'occuper de
ces enfants, se mettaient à crier, car les lits avaient traversé
la grande salle. Serban refusait de se laver car la croûte de
merde qui séchait sur lui le protégeait des viols. Et pourtant il souriait sans cesse, car, dans son monde intérieur,
il habitait un lagon bleu. Il partait en pirogue et se diri-
geait vers un endroit connu de lui seul. Il plongeait et
franchissait deux sas qui l'isolaient de l'eau et, soudain,
il entrait dans une sorte de verrière, chaude et colorée où
il retrouvait des animaux étranges et gais. Et la fête
commençait.

Freud pense que l'homme heureux n'a pas besoin de rêves, le réel suffit à le satisfaire. Sartre évoque la « pauvreté essentielle » de l'objet de rêve, toujours au bord de l'évanouissement [110]. Mais Bachelard, comme les petits Stanislas et Serban, dit que « l'Homme de la rêverie baigne dans le bonheur de rêver le monde, baigne dans le bien-être d'un monde heureux [111] ».

Bien sûr, il s'agit d'une fuite du réel, mais quand le réel est fou, il faut s'en protéger. Ne pourront se sauver que les enfants qui savent rêver. Les autres, adaptés au réel, soumis à un monde ravagé, baigneront dans des informations désolées, pauvres, immédiates, donc dépourvues de sens. Le désespoir est la réponse adaptée à un tel monde. On ne fait pas de poésie avec des indices et des signaux. Il faut des symboles, des images et des récits pour que la représentation qu'on invente réchauffe en nous un sentiment de beauté, et même de bonheur. Non seulement Stanislas et Serban, grâce à leurs rêveries, ont pu supporter un réel désespérant, mais ils ont surinvesti l'univers des merveilles. Leur monde était clivé en un monde réel où l'abattement était l'adaptation, et un monde intime, chaud, coloré et amoureux. Voilà pourquoi les deux enfants s'endormaient en souriant pour rejoindre leurs rêves dans des dortoirs de cauchemars.

Tout enfant carencé vit dans un alentour troublé par le manque où le flou invite à la créativité : « Cette brume insensée où s'agitent les ombres, comment pourrais-je l'éclairer [112] ? » se demande Raymond Queneau. Ceux qui survivent dans une brume insensée sont contraints à la quête du trésor, sous peine de désespoir. Alors que ceux qui possèdent une référence parentale claire ont une étoile du berger. D'abord ils la suivent, puisqu'ils s'en imprègnent, mais à l'adolescence, quand ils veulent devenir eux-mêmes, ils doivent s'y opposer, ce qui est encore une manière de s'y référer car « on devient adulte le jour où l'on fait ce qu'on a envie de faire, même si ça fait plaisir à nos parents [113] », dit Paul Watzlawick.

Les petits carencés qui ne possèdent que des ombres à l'origine d'eux-mêmes sont contraints à la poésie douloureuse, celle où la beauté frôle la laideur et où le bonheur intime côtoie le malheur.

Cet épanouissement sur le fil du rasoir n'est pas forcément un handicap, car trop de clarté est aveuglante et les enfants qui possèdent des parents glorieux, trop présents dans la filiation, sont aliénés par une identification forcée, où l'imagination est interdite. « Dans notre famille, on est commerçant de père en fils » : un tel message aide au développement, puis emprisonne en structurant, en imposant une direction.

Ceux que les blessures de l'existence ont contraints à découvrir les « lieux d'une ruse [114] », l'île intérieure d'un monde intime et chaud, mais sans langage vers l'extérieur, découvrent un compromis pour s'exprimer malgré tout. « De ce lieu souterrain je n'ai rien à dire... Désormais la trace en est écrite en moi et dans les textes que j'écris. » L'écriture, pour ceux qui ont connu une enfance désolée, donne forme à la parole impossible et dessine une trace matérielle dans le monde extérieur. « Il ne pouvait pas y avoir de survivant... À l'origine de moi, il n'y a que la mort [...] le silence, le silence glacial tout à coup [...] Mais [...] quoi qu'il arrive, quoi que je fasse, [j'étais] le seul dépositaire, la seule mémoire vivante, le seul vestige de ce monde. Ceci, plus que toute autre considération, m'a décidé à écrire [...] l'écriture et le souvenir de leur mort et l'affirmation de ma vie [...] c'est la tombe de mes parents [115]. » (Épitaphe de Georges Perec.)

CONCLUSION

La résilience, c'est plus que résister, c'est aussi apprendre à vivre. Malheureusement, cela coûte cher : « On ne devient pas normal impunément », disait Cioran [1], grand connaisseur de la difficulté de vivre. Avant le fracas, on estime que la vie nous est due, et le bonheur aussi. Alors, quand l'extase n'arrive pas, on se met en colère. Le fait d'avoir souffert d'une situation extrême, de côtoyer avec la mort et de l'avoir tuée, fait naître dans l'âme de l'enfant blessé un étrange sentiment de sursis : « [...] depuis cette époque, j'éprouve la vie comme un rabiot, une farce qui m'invite à profiter de chaque instant, et déguster le bonheur ». L'épreuve, quand on l'a surmontée, change le goût du monde « [...] toute situation extrême, en tant que processus de destruction de la vie, renferme paradoxalement un potentiel de vie, précisément là où la vie s'était brisée [...] le ressort invisible [...] permet de rebondir dans l'épreuve en faisant de l'obstacle un tremplin, de la fragilité une richesse, de la faiblesse une force, des impossibilités un ensemble de possibles [2] », dit Georges Fischer.

Il n'y a pas de fracas sans métamorphose. Les grands blessés de l'âme, les gueules cassées de la carence affective, les enfants battus et les adultes écorchés témoignent avec étonnement du développement intime d'une nouvelle philosophie de l'existence. Car l'obligation de comprendre et de demander « pourquoi » entraîne à apprendre et à mieux analyser l'agresseur. Puis, le fait de se dire « et maintenant, que vais-je faire avec ma blessure ? » invite à découvrir la partie saine de soi et à partir en quête de la moindre main tendue.

Alors se tricote la résilience. Elle n'est pas à rechercher seulement à l'intérieur de la personne, ni dans son entourage, mais entre les deux, parce qu'elle noue sans cesse un devenir intime avec le devenir social.

Il n'est pas inutile non plus d'inventer un terme nouveau afin de lutter contre l'usure des mots et l'engourdissement des théories. Un concept inattendu oblige à préciser les anciens : le fait de représenter la résilience par la métaphore du tricot élimine la notion de force ou de faiblesse de l'individu. Ce qui n'a rien à voir avec la vulnérabilité ou l'invulnérabilité et qui est totalement différent du mécanisme psychanalytique de la résistance qui s'oppose à l'accès à l'inconscient, mais ce qui peut côtoyer les notions d'étayage de la pulsion et des défenses du moi. Le déni, le clivage, l'activisme humain et bien d'autres défenses sont élaborés par ces théories, mais la notion de résilience souligne l'aspect adaptatif et évolutif du moi. On peut être résilient dans une situation et pas dans une autre, blessé un moment et victorieux un autre.

Dans les mécanismes de défense, le Moi cherche à maintenir son intégrité par des opérations mentales ou émotionnelles, au plus près du corps. Sigmund et Anna Freud nous expliquent comment le moi gouverne la pulsion et ses représentations de souvenirs et de fantasmes. L'excitation interne donne au moi une forme supportable. Le travail de la pulsion est donc inconscient et le moi conscient donne, sous forme de rationalisations, une forme verbale à nos émotions.

Dans la résilience où le fracas est plus extérieur, le moi, en l'éprouvant, doit quand même gouverner le bouleversement émotionnel. Le stress participe au choc quand l'émotion ébranle l'organisme sous l'effet des coups venus des agressions sociales ou de l'esprit des autres. Le plus souvent, le stress est chronique, et son effet insidieux altère l'organisme et le psychisme qui n'en prennent pas conscience.

Dans tous les cas, le sentiment de soi, sous le regard des autres, peut être remanié, élaboré par des représentations, des actions, des engagements ou des récits. Le concept de résilience, qui n'a rien à voir avec l'invulnérabilité, appartient à la famille des mécanismes de défense, mais il est plus conscient et plus évolutif, donc maîtrisable et porteur d'espoir.

Ni acier ni surhomme, le résilient ne peut pas échapper à l'oxymoron dont la perle de l'huître pourrait être l'emblème : quand un grain de sable pénètre dans une huître et l'agresse au point que, pour s'en défendre, elle doit sécréter la nacre arrondie, cette réaction de défense donne un bijou dur, brillant et précieux.

« L'icône endommagée [3] » d'Anthony Bloom illustre l'âme de ces personnes dont la beauté est soulignée par les blessures du temps. Malgré les éclats du bois, l'effacement des couleurs et les taches de malandre, ce qui demeure est beau, peut-être même magnifié.

Ces recherches de praticien se font souvent hors des laboratoires et des cabinets de consultation. Ce qui ne veut pas dire qu'un domaine est supérieur à l'autre. Ce n'est qu'après la Révolution française qu'on a pensé unir la chirurgie et la médecine. Tant que l'arrogance du verbe a méprisé l'artisanat du manœuvre, la médecine a été verbeuse et la chirurgie stéréotypée. C'est leur rencontre qui a permis l'essor de la sémiologie médicale. La science des signes s'est développée jusqu'à ce que les scientifiques et les ingénieurs prennent le relais qui permet de réaliser des performances étonnantes.

L'enjeu de ce livre a été simplement de dire que la résilience existe. Elle a une forme et coûte un prix. Tous les chercheurs et praticiens qui élaborent ce concept s'intéressent maintenant à la manière dont elle se construit. D'après les travaux en cours, la génétique aura son mot à dire. Mais les interactions précoces parleront beaucoup plus, tandis que les institutions familiales et sociales tiendront l'essentiel du discours.

Les connaissances acquises sur le terrain et dans les laboratoires seront utiles à notre vie quotidienne, car nous sommes tous des résilients, puisque aucun d'entre nous n'aura eu la chance d'ignorer la souffrance. Pour mieux comprendre ce qui nous concerne, les situations extrêmes servent de phares qui éclairent des voies de passage encore peu connues.

Finalement, j'aurais pu écrire ce livre avec deux mots seulement : « ressort » et « tricot ». Le ressort parle de la résilience, et le tricot explique la manière de s'en sortir comme une icône endommagée illustre le monde intime de ces vainqueurs blessés.

Alors nous changerons notre regard sur le malheur et, malgré la souffrance, nous chercherons la merveille.

Le concept de résilience connaît actuellement un fort impact dans la littérature anglo-saxonne consacrée aux sciences du développement.

Des psychiatres et psychologues comme M. Rutter à Londres, E. E. Werner, N. Garmery et G. E. Vaillant aux États-Unis ont créé le concept.

Des éthologues, par leurs observations expérimentales et leurs théories sur la psychologie évolutionniste et l'adaptation ont étayé ces travaux : J. Bowlby, R. Spitz, L. Sroufe, J. Suomi, M. Ainsworth et E. Tronick.

A. S. Masten a été une des premières à établir un lien entre résilience et humour et E. Grotberg a réintroduit l'optimisme en psychologie.

Des psychanalystes ont préparé l'idée : M. Mahler, A. Freud et L. Shengold ont charpenté l'approche développementale de la psychopathologie en étudiant les tuteurs de développement, de préférence aux symptômes. Cette approche a été validée en psychiatrie de l'enfant par des cliniciens comme E. J. Anthony et C. Chiland.

B. Inhelder a appliqué les théories de Piaget aux développements atypiques, rejoint par des cognitivistes et des cliniciens psychologues, psychiatres, neurologues et pédiatres comme D. Hofstadter, B. Kaplan, C. Izard,

D. Ciccheti, J. Kagan, J. Bruner, J. Rolf, S. Weintraub et A. Sameroff.

Au Québec, ce concept est en pleine expansion avec M. Lemay et M. Toussignant.

P. Fonagy en Angleterre élabore actuellement la résilience des nourrissons, suivi en France par A. Guedeney au sein de la World Association Infant Mental Health dirigée par S. Lebovici et B. Golse.

Aux Pays-Bas, la Fondation Van Leer a été une des premières à soutenir des chercheurs de terrain spécialisés dans la résilience du petit enfant en Afrique et en Amérique latine.

A. Haynal en Suisse, F. Lösel en Allemagne, C. Baddoura au Liban précisent la résilience des grands enfants.

En Suisse, S. Vanistendael avec le BICE (Bureau international catholique de l'Enfance) a développé le concept de résilience en s'inspirant à la fois des scientifiques et des praticiens de plusieurs pays.

M. Mc Callin a réuni à Genève des cliniciens des champs de bataille de tous les continents du monde où les enfants payent les crimes absurdes des adultes.

En Amérique latine, de nombreux praticiens comme M. A. Kotliarenco et S. Romero (Chili), N. S. Suarez Ojeda (Argentine), S. Panez (Pérou) et C. Montevicente (Brésil) appliquent le concept de résilience.

En France, les chercheurs et cliniciens M. Manciaux, S. Tomkiewicz, M. Duyme, N. Loutre du Pasquier, A. Dumaret et B. Cyrulnik travaillent dans la même direction.

Des associations internationales aident les praticiens et chercheurs de terrain : Enfants réfugiés du monde, avec M. R. Moro, la Ligue roumaine de Santé mentale avec A. Pidolle, Médecins du monde et Médecins sans frontières.

De nombreuses institutions internationales participent à ces recherches dans le cadre de leurs activités habituelles : l'UNICEF (Comité français pour le fonds des Nations Unies pour l'enfance), la Fondation pour l'Enfance, Enfance majuscule et la Ligue française pour la Santé mentale financent des recherches sur le terrain et organisent des rencontres afin de rendre utilisable le concept de résilience.

Plusieurs revues américaines ont consacré un numéro spécial à la résilience : *American Journal of Psychiatry, The Journal of Consulting and Clinical Psychology, The Journal of the American Academy of Child and Adolescent Psychiatry.* Une nouvelle revue s'y consacre exclusivement : *Development and Psychopathology.*

Il a été malheureusement impossible de citer tous les auteurs, tous les articles et tous les livres qui traitent actuellement de ce problème, ce qui est dommage, mais constitue un excellent signe de l'importance du concept de résilience. Cette approche développementale permet l'intégration de différentes disciplines comme les neurosciences, la psycho-biologie, la génétique, les études de comportements, en soulignant les aspects psychanalytiques, piagétiens et les études psychosociales.

Cette attitude intégrative empêche le dualisme qui ne correspond pas à la clinique de l'Homme total et remet un peu d'espoir dans les sciences psychologiques.

NOTES

INTRODUCTION

1. A. FERRAN, « Introduction » *in* C. Baudelaire, *Petits poèmes en prose*, 1869; Paris, Hachette, 1951.

2. C. ENJOLET, *En danger de silence*, Paris, Robert Laffont, à paraître, 1999, p. 9.

3. S. VANISTENDAEL, *Clés pour devenir : la résilience*, Les Vendredis de Châteauvallon, nov. 1998; BICE : Bureau international catholique de l'Enfance, *Les Cahiers du BICE*, Genève, 1996, p. 9.

4. H. MALOT, *Sans famille*, Paris, Hachette, 1933.

5. C. DICKENS, *Oliver Twist*, 1838, Paris, Gallimard, 1982, p. 11 et 14.

6. H. JUIN, « Préface » *in* L. Tolstoï, *Jeunesse*, suivi de *Souvenirs*, Paris, Le Livre de poche, 1971, p. 13.

7. E. H. ERIKSON, *Enfance et société*, Neuchâtel-Paris, Delachaux et Niestlé, 1982, p. 237.

8. D. LAPIERRE, *La Cité de la joie*, Paris, Robert Laffont, 1985.

9. B. RAPP, communication personnelle à propos des « gamins de Bogotá », 1998.

10. D. BURLINGHAM, A. FREUD, *Infants Without Families*, Londres, George Allen, 1994. A. FREUD, *Le Normal et le Pathologique chez l'enfant*, Paris, Gallimard, 1965.

11. F. DOLTO, *La Difficulté de vivre*, Paris, Carrère, 1987.

12. M. RUTTER, « Psychosocial resilience and protective mechanisms » *in* Jon Rolf, Ann Master, *Risk and Protective Factors, in the Development of Psychopathology*, New York, Cambridge University Press, 1990.

13. S. Ionescu, M.-M. Jacquet, C. Lhote, *Les Mécanismes de défense. Théorie et clinique*, Paris, Nathan Université, 1997.

14. F. Billetdoux, cité *in* G. Roux, M. Laharie, *L'Humour. Histoire, culture et psychologie*, Pau, Société internationale de psychologie de l'expression et de l'art-thérapie, 1998.

15. R. Benigni, V. Cerami, *La vie est belle*, Paris, Gallimard, coll. « Folio », 1998, p. 251.

16. G. Perec, *Cantatrix Sopranica L. et autres écrits scientifiques*, Paris, Seuil, 1991.

17. Dr H. Münch, ancien médecin de l'Institut d'hygiène du camp d'Auschwitz, « Interview », *Der Spiegel*, cité *in Le Patriote résistant*, n° 710, déc. 1998, p. 5.

18. J. Derogy, *Une ligne de chance*, Paris, Fayard, 1998, p. 35.

19. A. Frank, *Journal*, 1947, édition originale néerlandaise : Vitgeverij, Amsterdam ; trad. française, Calmann-Lévy, 1950.

20. S. Freud, « L'humour » *in L'Inquiétante Étrangeté et autres essais*, 1927, Paris, Gallimard, 1985, p. 321-328.

21. J. Bowlby, « L'avènement de la psychiatrie développementale a sonné », *Devenir*, vol. IV, n° 4, 1992, p. 7-31.

22. Slogan de E. E. Werner cité *in* S. Wolin, R. Wolin, « Resilience among youth growing until substance-abusing families », *Pediatric Clinic American*, n° 42, 1995, p. 415-429.

23. E. E. Werner, R. S. Smith, *Vulnerable but Invincible : A longitudinal study of resilient children and youth*, New York, Mc Graw Hill, 1982.

24. N. Loutre du Pasquier, *Le Devenir des enfants abandonnés*, Paris, PUF, 1981.

25. A. Dumaret, M. Coppel-Batsch, « Évolution à l'âge adulte d'enfants placés en famille d'accueil », *Psychiatrie de l'enfant*, n° 2, 1996.

26. M. Duyme, « Les enfants abandonnés : rôle des familles adoptives et des assistantes maternelles », *Monographies françaises de psychologie*, Éditions du CNRS, n° 56, 1981.

27. J. Kaufman, E. Zigler, « Do abused children become abusive parents ? », *American Journal of Ortho-Psychiatry*, n° 52, avril 1987, p. 2.

28. P. Bourgois, « Résistance et autodestruction dans l'apartheid américain », *Actes de la recherche en sciences sociales*, n° 120, déc. 1997.

29. R. Robinson, « The present state of people who survived the Holocaust as children », *Acta Psychiatrica Scandinavia*, n° 89, 1994, p. 242-245.

30. L. Azmentier, *Dictionnaire de la théorie et de l'histoire littéraires du XIXe siècle à nos jours*, Paris, Retz, 1986.

31. J. Laplanche, J.-B. Pontalis, *Vocabulaire de la psychanalyse*, Paris, PUF, 1973, p. 20.

32. A. Ughetto, « La " morale " de l'oxymore dans *Les Fleurs du mal* », *in Analyse et réflexion... Baudelaire, Spleen et Idéal*, Paris, Ellipses, 1984.

33. C. Baudelaire, « L'horloge », *Les Fleurs du mal*, 1861.

34. G. Anthonioz-de Gaulle, *La Vie en face*, Documentaire Arte, 1er décembre 1998.

35. G. Anthonioz-de Gaulle, *La Traversée de la nuit*, Paris, Seuil, 1998.

36. V. Colin-Simard, « Entretien avec Geneviève Anthonioz-de Gaulle », *Elle*, n° 2761, 30 nov. 1998.

37. J. Semprun, *Adieu, vive clarté*, Paris, Gallimard, 1998, p. 92.

38. J. Genet, *Journal du voleur*, Paris, Gallimard, 1949, p. 14.

39. Citée par M. Lemay, Colloque de Châteauvallon, « Ces enfants qui tiennent le coup », 21 juin 1997.

40. C. F. Baddoura, « Traverser la guerre », *in* Boris Cyrulnik (dir.), *Ces enfants qui tiennent le coup*, Revigny-sur-Ornain, Hommes et perspectives, 1998.

41. R. Coutanceau, Journées UNESCO, Ligue française pour la Santé mentale, 1997.

42. Eva Hedlund, « L'expérience suédoise du traitement des agressions sexuelles. Quelles difficultés après vingt ans de travail ? » *in* Collectif féministe contre le viol, *Le Viol : un crime, vivre après*, École nationale de la magistrature, 14 janvier 1995, p. 43.

43. C. Koupernik, « Plaidoyer pour le cas unique », *Pour la recherche*, n° 2, mars 1998.

44. G. E. Vaillant, *The Wisdom of the Ego*, Harvard University Press, 1997.

CHAPITRE PREMIER

L'espoir inattendu

1. N. Auriat, « Les défaillances de la mémoire humaine », *Cahier INED*, PUF, n° 136, 1996.

2. L. Bailly, *Les Catastrophes et leurs conséquences psychotraumatiques chez l'enfant*, Paris, ESF, 1996, p. 59.

3. E. M. Cioran, *Le Magazine littéraire*, n° 327, décembre 1994, p. 19.

4. Échelles d'ajustement social de Holmes et Rahe, *in* C. André, F. Lelord, P. Légeron, *Le Stress*, Toulouse, Privat, 1998, p. 22.

5. M. Laurent, *Je pense à vous*, Paris, Seuil, 1995.

6. C. Delbo, *Mesure de nos jours*, Éd. de Minuit, 1971, p. 80-83.

7. S. Stewart, *Nous sommes restés des hommes*, Paris, Inter-Presse, 1950 ; et communication personnelle de Joyce Mac Dougall, Toulouse, 10 octobre 1998.

8. *Ibid.*

9. B. Cyrulnik, « Les enfants sans lien », *in* J. Aïn, *Errances*, Paris, ÉRÈS, 1996, p. 30-46.

10. J.-P. Sartre, *Les Mots*, Paris, Gallimard, 1964.

11. J. Bowlby, *Attachement et perte*, t. III, *La Perte. Tristesse et dépression*, Paris, PUF, 1996, p. 448.

12. G. Perec, *W ou le souvenir d'enfance*, Paris, Denoël, 1975, p. 41.

13. M. Toussignant, *Les Origines sociales et culturelles des troubles psychiques*, Paris, PUF, 1992, p. 225.

14. Y. S. Ben Porath, *Issues in the Psycho-Social Adjustment of Refugees*, Minnesota, National Institute of Mental Health, 1987.

15. M. Toussignant, *op. cit.*, p. 228.

16. S. Freud, « Les psychonévroses de défense », *in Névrose, psychose et perversion*, 1894, Paris, PUF, 1974, p. 1-14.

17. J. M. Berry, V. Kim, T. Minde, D. Mok, « Comparative Studies of acculturative stress », *International Migration Review*, n° 21, 1987, p. 491-511.

18. M. Toussignant, *op. cit.*, p. 233.

19. E. Canetti, *Masse et puissance*, Gallimard, 1966, rééd. coll. « Tel », p. 241.

20. *Ibid.*

21. N. Sutton, *Bruno Bettelheim*, Paris, Stock, 1995.

22. V. Grossman, *Vie et destin*, Lausanne, L'Âge d'homme, 1980, p. 9.

23. E. Pewzner, *L'Homme coupable. La Folie et la Faute en Occident*, Odile Jacob, 1996.

24. D. Anzieu, *Le Moi-Peau*, Paris, Dunod, 1985.

25. A. Haynal, « Les orphelins savent rebondir », *in* Colloque Châteauvallon-Ollioules, *Ces enfants qui tiennent le coup*, Revigny-sur-Ornain, Hommes et Perspectives, 1998, p. 49.

26. J. M. Porret, *Orphelinage et créativité*, thèse, Genève, 1977.

27. A. Haynal, *ibid.*, p. 50.

28. N. Boothby, « Children of war : Survival as a collective act », *in* M. Mc Callin, *The Psychological Will-Being of Refugee Children*, International Catholic Child Bureau, Genève (BICE), 1996.

29. N. Boothby, *ibid.*

30. R. L. Punamaki, « Psychological Reactions of Palestinians and Israëli Children Toward Violence », *in Children in war : Proceeding of the Symposium*, Finlande, Siunto Baths, 1983.

31. M. Grappe, « Troubles psychiques post-traumatiques chez les enfants victimes de guerre ; séquelles simples et formes cliniques graves », *La Revue française de psychiatrie et de psychologie médicale*, n° 10, septembre 1997, p. 38-43.

32. R. Sprengel, *in* R. Fajrajzen, *The Psychological Educational and Social Adjustment of Refugee and Displaced Children in Europe*, Genève, UNESCO, 1952.

33. M. Grappe, *op. cit.*, p. 40.

34. L. Morisseau, « Un aspect psychopathologique de la violence dans la guerre chez l'enfant : le clivage individuel et collectif dans les traumatismes dans le psychisme et la culture », *in* B. Doray, C. Louzoun (dir.), *Les Traumatismes dans le psychisme et la culture*, Paris, ÉRÈS, 1997, p. 185-189.

35. A. Freud, *L'Enfant dans la psychanalyse*, Paris, Gallimard, 1976.

36. M.-R. Moro, *Psychothérapie transculturelle des enfants de migrants*, Paris, Dunod, 1998, p. 93.

37. M.-R. Moro, « D'où viennent ces enfants si étranges ? Logiques de l'exposition dans la psychopathologie des enfants de migrants », *Nouvelle revue d'ethnopsychiatrie*, 1989, n° 12.

38. M.-R. Moro, *Psychopathologie transculturelle des enfants de migrants*, *op. cit.*, p. 174.

39. J. Semprun, *Bouillon de culture*, France 2, 6 mars 1998, à propos de *Adieu, vive clarté*, *op. cit.*

40. Sénèque *in* A. Gianfrancesco, *La Lettre de la santé mentale*, n° 2, 1997.

41. *Ibid.*

42. P. Veyne, « De l'Empire romain à l'an mil », *in* P. Ariès, G. Duby, *Histoire de la vie privée*, 1985, t. I, p. 29-30.

43. A. Burguière, « La famille, quelle histoire », *L'École des parents*, n° 4, avril 1987.

44. J. Le Goff, *Urgences*, n° 4, 1995, p. 228.

45. J. L. Flandrin, *Famille, parenté, maison, sexualité dans l'ancienne société*, Paris, Hachette, 1976, p. 220.

46. Y. Kniebihler, *Les pères aussi ont une histoire*, Paris, Hachette, 1987.

47. A. Bassitche, « L'évolution des relations familiales comme indicateur de changement social en Côte-d'Ivoire », *Bulletin de l'Association française de psychologie et de psychopathologie sociale*, printemps 1991.

48. G. Langlois, « Les enfants et les parents d'abord », *Impact médecine*, n° 30, novembre 1998.

49. G. Vigarello, *Histoire du viol XVIᵉ-XXᵉ siècle*, Paris, Seuil, 1998.

50. C. Juliet, *L'Inattendu*, P.O.L., 1992.

51. P. Strauss, *Maltraitance : qui, pourquoi, comment ?*, in *L'Enfance maltraitée*, Paris, Syros, 1996.

52. Lieutenant-colonel Masson, *Journées UNICEF*, La Garde (Var), 5 novembre 1998.

53. T. Anatrella, *Vendredi de Châteauvallon*, 1995.

54. D Baumann, *La Mémoire des oubliés*, Paris, Albin Michel, 1988.

55. P. Strauss, M. Manciaux, *L'Enfant maltraité*, Paris, Fleurus, 1993, p. 570-571.

56. S. Moscovici, *Chronique des années égarées*, Paris, Stock, 1997, p. 8.

57. R. Spitz, « Anaclitic depression », *Psychoanalytic Study of the Child*, New York, n° 2, 1946, p. 313-342.

58. J. Laplanche, J.-B. Pontalis, *Vocabulaire de la psychanalyse*, Paris, PUF, 1967, p. 24.

59. *Ibid.*

60. M. Radke-Yarrow, T. Sherman, « Hard growing : children who survive », *in Risk and protective factors in the development of psychopathology*, Cambridge University Press, 1990, p. 98.

61. Y. Michaud, « La violence. Une question de normes », *Sciences humaines*, n° 89, décembre 1998, p. 20-25.

62. G. E. Vaillant and C. O. Vaillant, « Natural history of male psychological health. A 45 years study of predictors of successfull aging », *American Journal of Psychiatry*, n° 147, 1990, p. 31-37.

63. A. Brauner, F. Brauner, *Le Dessin de l'enfant dans la guerre*, Paris, Expansion scientifique française, 1991.

64. A. Freud, *Le Moi et les Mécanismes de défense*, Paris, PUF, 1936 ; rééd. 1993.

65. J. Sandler, 1985, *in* S. Ionescu, M. M. Jacquet, C. Lhote, *Les Mécanismes de défense*, Paris, Nathan, 1997, p. 205.

66. C. Mignot, P. Strauss, *Étude du devenir à long terme d'une cohorte d'enfants maltraités dans leur première enfance*, ministère de la Justice, AFIREM, 1991.

67. *Ibid.*

68. D. Burlingham, A. Freud, *Enfants sans famille*, 1948 ; trad. française, Paris, PUF, 1949.

69. M. Mead et coll., *Groth and Culture*, New York, Putnam, 1948.

70. S. Lebovici, « À propos des effets lointains des séparations précoces », *Abstract Neuro-Psy*, n° 145, mars-avril 1996, p. 35.

71. H. G. Birch, J. D. Gussow, *Disadvantaged Children : Health, Nutrition and School Failure*, New York, Grune and Stratton, 1970.

72. L. Freden, *Aspects psychosociaux de la dépression*, Bruxelles, Pierre Mardaga, 1982, p. 74-76.

73. G. W. Brown, T. O. Harris, A. Bifulco, « The long term effects of early loss of parent », *in* M. Rutter, C. E. Izard, P. B. Reads (ed.), *Depression in Young People*, New York, Guilford Press, 1986.

74. M. Rutter, « Psychosocial resilience and protective mechanisms », *in* J. Rolf, A. S. Masten, *Risk and Protective Factors in the Development of Psychopathology*, Cambridge University Press, 1992, p. 193.

75. J.-L. Guettat (dir.), *Exploitation d'une enquête auprès d'une centaine d'adolescents sortis de l'IMPRO depuis dix ans*, Montpellier, L'Essor, 1980.

76. « Jeunes et premiers emplois », *Cahiers du Centre d'étude de l'emploi*, Paris, PUF, n° 20, 1980.

77. D. Quinton, M. Rutter, C. Liddle, « Institutional reading, parental difficulties and marital support », *Psychological Medicine*, n° 14, 1984, p. 107-124.

78. M. Rutter, « Psychosocial resilience and prospective mechanisms », *in Risk and Prospective Factors in the Development Psychopathology*, Cambridge University Press, 1992, p. 196.

79. M. Lani, « À la recherche... de la génération perdue », *Le Journal des psychologues*, mars 1990.

80. M. Duyme, « Les enfants abandonnés : rôle des familles adoptives et des assistantes maternelles », *Monographies françaises de psychologie*, Éditions du CNRS, n° 56, 1981, p. 119.

81. Y. Lejeune, *Le Village d'enfants en France, 1946. Nouvelle formule enfance-assistance*, thèse, Liège, Centre de formation sociale, 1946.

82. *Ibid.*, p. 45-46 et 49.

83. J. Meunier, *Les Gamins de Bogotá*, Paris, Métailié, 1989.

84. J.-L. Quettat, « Pour une prise en charge réelle et réaliste », Montpellier, *L'Essor, ACDIF*, décembre 1980.

85. Association des amis de la Commission centrale de l'enfance.

86. D. Baumann, *La Mémoire des oubliés. Grandir après Auschwitz*, Paris, Albin Michel, 1988, p. 21.

87. D. Baumann, *ibid.*, p. 188-193, et communications personnelles.

88. J. Jouglard, « Design drugs and addiction », *in* A. Amin, P. Lapras, *3ᵉˢ journées méditerranéennes de toxicomanies*, Toulon, novembre 1998.

CHAPITRE II

Soleils noirs sans mélancolie

1. C. Perrault, « Contes de ma mère l'Oye » (1697) *in Il était une fois...* Paris, Flammarion, 1951.

2. J.-P. Sartre, *Les Mots, op. cit.*

3. I. Dinsen, *in* H. Arendt, *La Condition de l'homme moderne*, Paris, Calmann-Lévy, 1961.

4. C. Chauchat, *L'Autobiographie*, Paris, Gallimard, coll. « Lire », 1993, p. 20.

5. É. Zola, *Carnets d'enquêtes. Une ethnographie inédite en France*, Paris, Plon, 1986.

6. J.-L. Lahaye, *Cent familles*, Paris, Carrère, 1985.

7. S. Freud, *Cinq psychanalyses*, Paris, PUF, 1954, p. 8.

8. Barbara, *Il était un piano noir*, Paris, Fayard, 1998.

9. C. Rhodain, *Le Destin bousculé*, Paris, Robert Laffont, coll. « Vécu », 1986.

10. C. Enjolet, *Princesse d'ailleurs*, Paris, Phébus, 1997.

11. J. BOWLBY, *Attachement et perte, La perte*, t. III, *op. cit.*

12. F. ABALAN, M. BOURGEOIS, « Les conséquences neuropsychiques de la déportation », *Synapse*, n° 119, 1995, p. 53.

13. P. BRUCKNER, *La Tentation de l'innocence*, Paris, Grasset, 1995.

14. A. NOVAC, *Les Beaux Jours de ma jeunesse*, Paris, Balland, 1992.

15. CCE (Commission centrale de l'enfance), *Sommes-nous les enfants d'Auschwitz ?*, Paris, La Sorbonne, 7 juin 1998.

16. J.-P. SARTRE, *Les Mots*, *op. cit.*, p. 11.

17. G. PEREC, *W ou le souvenir d'enfance*, *op. cit.*, p. 31.

18. M. LEIRIS, *Vie et œuvre*, Paris, Gallimard, 1996.

19. G. PEREC, *W ou le souvenir d'enfance*, *op. cit.*

20. D. LEBRETON, *Passions du risque*, Paris, Metailié, 1991.

21. G. PEREC, *W ou le souvenir d'enfance*, *op. cit.*

22. G. PEREC, *Je me souviens*, Paris, Hachette, 1978.

23. J. ARÈS, *Le Fils favori*, Paris, Éd. du Rocher, 1998.

24. L. CHILL, B. PRINS, M. WEBER, J. L. MC GAUH, *Nature*, n° 371, 1994, p. 702-704 cité *in Alzheimer actualités*, n° 95, janvier 1995.

25. L. RICHARD, *Nazisme et littérature*, Paris, François Maspero, 1971, p. 18.

26. A. ZIEGLER dans le *Völkischer Beobachter*, 14 janvier 1937, *in* Lionel Richard, *op. cit.*, p. 126.

27. É. BARNAVI (dir.), *Histoire universelle des Juifs de la Genèse à la fin du XXᵉ siècle*, Paris, Hachette, 1992.

28. BARBARA, *Il était un piano noir*, *op. cit.*, p. 31.

29. G. VINCENT, « Guerres dites, guerres tues et l'énigme identitaire », *in* P. ARIÈS, G. DUBY, *Histoire de la vie privée*, *op. cit.*, t. V, 1987, p. 211.

30. A. FINKIELKRAUT, *La Mémoire vaine*, Paris, Gallimard, 1989.

31. C. BROWNING, *Des hommes ordinaires*, Paris, Les Belles Lettres, 1994.

32. R. DULONG, *Le Témoin oculaire*, Paris, École des hautes études en sciences sociales, 1998, p. 47.

33. G. NAMER, *Mémoire et société*, Paris, Méridien-Klincksiek, 1987, p. 143.

34. G. VIGARELLO, *Histoire du viol*, Paris, Seuil, 1998.

35. R. CRU, J. NORTON, *Essai d'analyse et de critique des souvenirs des combattants édités en français de 1915 à 1928*, Paris, Éd. Les Étincelles, 1929 ; rééd. *Témoins et témoignages*, Nancy, Presses universitaires de Nancy, 1994.

36. A. PROST, « De la Première Guerre mondiale à nos jours », *in* P. ARIÈS, G. DUBY, *Histoire de la vie privée*, *op. cit.*, t. V, p. 211.

37. B. POIROT-DELPECH, *Papon : un crime de bureau*, Paris, Stock, 1998.

38. M. PAPON, *Le Monde de Léa*, TF1, 27 novembre 1997.

39. P. LEVI, cité *in* R. DULONG, *Le Témoin oculaire*, École des hautes études en sciences sociales, 1998, p. 112.

40. M. LAFONT, *L'Extermination douce*, thèse, Lyon, 1981.

41. A. CARREL, *L'Homme, cet inconnu*, Paris, Plon, 1935, p. 297 et 405-414.

42. C. DELBO, *Une connaissance inutile*, Paris, Éd. de Minuit, 1970.

43. E. LOFTUS, K. KETCHAM, *Le Syndrome des faux souvenirs*, Paris, Éd. Exergue, 1997.

44. *Ibid.*, p. 23.

45. T. NATHAN, *L'influence qui guérit*, Paris, Odile Jacob, 1994.

46. D. BOUGNOUX, *La Suggestion. Hypnose, influence, transe*, Chilly-Mazarin, Les Empêcheurs de penser en rond, 1991.

47. J.-L. BEAUVOIS, *Traité de la servitude libérale*, Paris, Dunod, 1994.

48. *Ibid.*

49. BARBARA, *Nantes*.

50. Associations américaines, *Survivors of Incest Anonymous, The courage to heal*.

51. A. BADDELEY, *La Mémoire humaine. Théorie et pratique*, Presses universitaires de Grenoble, 1993, p. 443.

52. A.-R. DAMASIO, *L'Erreur de Descartes. La Raison des émotions*, Paris, Odile Jacob, 1995, « Poches Odile Jacob », 2000.

53. B. CYRULNIK, « La Transmission de pensée ou le comment de la parole », *in* S. SANTI, I. GUAÏTELLA, C. CAVÉ, G. KONOPCZYNSKI (eds), *Oralité et gestualité, communication multimodale, interaction*, Paris, L'Harmattan, 1998.

54. J. COSNIER, *Le Retour de Psyché, Critique des nouveaux fondements de la psychologie*, Paris, Desclée de Brouwer, 1998.

55. M. SOULÉ, B. CYRULNIK, *L'Intelligence avant la parole*, Paris, ESF, 1998.

56. B. de BOYSSON-BARDIES, *Comment la parole vient aux enfants*, Paris, Odile Jacob, 1996.

57. D. LAPLANE, *La Pensée d'outre-mots*, Chilly-Mazarin, Les Empêcheurs de penser en rond, 1997.

58. S. ZLATINE, « Praxis de l'aphasie : au moment de répondre », *Ornicar*, n° 33, avril-juin 1985, p. 65-68.

59. S. ZLATINE, *ibid.*

60. Y. JOANETTE, D. LAFOND, A. R. LECOURS, « L'aphasie de l'aphasique » *in* J. PONZIO, D. LAFOND, R. DEGIOVANNI, Y. JOANETTE, *L'Aphasique*, Québec, Édisem, Paris, Maloine, 1991, p. 23.

61. S. ZLATINE, *op. cit.*

62. *Ibid.*

63. R. CHAR, *Dans l'atelier des poètes*, Paris, Gallimard, coll. « Quarto », 1996, p. 23.

64. R. C. SCHANK, *Dynamic Memory : A Theory of Learning in Computers and People*, Cambridge University Press, 1982.

65. N. ABRAHAM, M. TOROK, *L'Écorce et le Noyau*, Paris, Flammarion, 1987.

66. P. Niemetzky, C. François, B. Cyrulnik, « Le secret sécrète, ou l'éclairage éthologique du secret », *Synapse*, n° 120, novembre 1995, p. 27-30.

67. « L'enfance mutilée de Niki de Saint Phalle », *Elle*, 7 mars 1994.

68. S. Tisseron, « L'héritage insu », *in Le Su et l'Insu*, Troisième rencontre CNRS-INA, Inathèque de France, mars 1995.

69. Le thème de l'héritage psychique est développé dans : N. Abraham, M. Torok, *L'Écorce et le Noyau, op. cit.* S. Tisseron, *La Honte. Psychanalyse d'un lien social*, Paris, Dunod, 1992. C. Nachin, *Les Fantômes de l'âme*, Paris, L'Harmattan, 1993.

70. S. Tisseron, « L'héritage insu : les secrets de famille », *in Communications-Générations et filiations*, n° 59, Seuil, p. 231 et 236.

71. J. Altounian, *Ouvrez-moi seulement les chemins de l'Arménie. Un génocide aux déserts de l'inconscient*, Paris, Les Belles Lettres, 1990.

72. P. Vidal-Naquet, Préface *in* D. G. Chalian, *Tribunal permanent des peuples. Le Génocide des Arméniens*, Paris, Flammarion, 1984.

73. N. Hefter, *Si tu t'en sors... Auschwitz 1944-1945*, Paris, La Découverte, 1992.

74. Témoignage, « Sommes-nous les enfants d'Auschwitz? » Commission centrale de l'enfance, Paris, La Sorbonne, 7 juin 1998.

75. R. de Beaurepaire, « Les mémoires traumatiques de Rachel Yehuda », *Dépression*, n° 10, janvier/février 1998.

76. *Ibid.*

77. R. Yehuda, « Low urinary cortisol excretion in holocaust survivors with post traumatic stress disorder », *American Journal of Psychiatry*, n° 152, 1995, p. 982–986.

78. P. Legendre, *L'Inestimable Objet de la transmission*, Paris, Fayard, 1985.

79. J. D. Bremmer, « MRN : based measurement of hippocampal volume in patients with combat-related post-traumatic stress disorder », *American Journal of Psychiatry*, n° 152, 1995, p. 973-981.

80. A. Soljenitsyne, *L'Archipel du goulag*, Paris, Seuil, 1974, p. 110.

81. Entretien avec Michel del Castillo, « Dimanche en roue libre », France-Inter, 18 octobre 1998.

82. G. Orwell, *La Ferme des animaux*, 1945; Paris, Éd. Champ libre, 1981.

83. H. Le Bras, *Le Démon des origines*, La Tour d'Aigues, Éd. de l'Aube, 1998.

84. D. Bisson, É. de Schonen, *L'Enfant derrière la porte*, Paris, Grasset, 1993, p. 53-54 et 66.

85. H. Van Cijseghem, « Réflexions sur la révélation et la rétractation », *in* AFIREM, *Secret maintenu, secret dévoilé*, Paris, Karthala, 1994, p. 307-312.

86. *Ibid.*

87. L. Salvayre, *La Compagnie des spectres*, Paris, P.O.L., 1997, *Bouillon de culture*, France 2, 5 septembre 1997.

88. M. Lemay, *La Gestion des paradoxes*, in A.F.I.R.E.M., *Secret maintenu, secret dévoilé, op. cit.*, p. 414-415.

89. M. Toussignant, *Les Origines sociales et culturelles des troubles psychologiques*, Paris, PUF, 1992.

90. G. W. Brown, T. Harris, *Depression in Life Events and Illness*, New York, Guilford Press, 1988.

91. J. A. Flaherty, R. Kohn, I. Levay, S. Birz, *Comprehensive Psychiatry*, New York, vol. 29, n° 26, 1988.

92. V. Last, H. Klein, « Impact de l'Holocauste : transmission aux enfants du vécu des parents », *L'Évolution psychiatrique*, n° 462, 1981, p. 373-388.

93. N. Zajde, *Souffle sur tous ces morts*, 1997, Paris, Odile Jacob.

94. N. Monbet, *ONG Santé-Sud*, Marseille, 1998. F. Sironi, Association Primo Levi, Paris.

95. S. Freud, *Essais de psychanalyse appliquée*, Paris, Gallimard, 1933.

96. A. Haynal, *Dépression et créativité. Le Sens du désespoir*, Lyon, Cesura, 1987.

97. *Ibid.*

98. S. Freud, *Métapsychologie*, 1915; Paris, Gallimard, 1952.

99. J. Bruner, ... *car la culture donne force à l'esprit*, Paris, Eshel, 1991, p. 63.

100. J.-P. Sartre, *Saint Genet, comédien et martyr*, Paris, Gallimard, 1952.

101. A. Finkelkraut, *L'Humanité perdue. Essai sur le xxᵉ siècle*, Paris, Seuil, 1997, p. 112.

102. A. Soljenitsyne, « Discours de Stockholm », *in Les Droits de l'écrivain*, Paris, Le Seuil, 1997, p. 108.

103. M. Soulé, « Le secret de Polichinelle », *in Secret maintenu, secret dévoilé, op. cit.*, p. 109-124.

104. E. Wiesel, *Tous les fleuves vont à la mer*, Mémoires I, Paris, Seuil, 1994.

105. G. Perec, *W ou le souvenir d'enfant, op. cit.*, p. 58.

106. M. Weill, « Le blues des femmes de lettres », *Abstract Neuro-Psy*, n° 130, 15-30 avril 1995.

107. A. M. Ludwig, « Mental illness and creative activity in female writers », *American Journal of Psychiatry*, n° 151, 1994, p. 1650-1656.

108. R. de Chateaubriand, *Mémoires d'outre-tombe;* Talleyrand, *Correspondance, in* Y. C. Blanchon, « Les états dépressifs de l'enfance », *Abstract Neuro-Psy*, n° 174, 30 novembre-15 décembre 1997.

109. C. Miollan, « Quand l'enfant abandonnique crée », *Le Journal des psychologues*, n° 95, 1992, p. 50.

110. S. IONESCU, M. M. JACQUET, C. LHOTE, *Les Mécanismes de défense. Théorie et clinique*, Paris, Nathan, 1997, p. 249.

111. G. BACHELARD, *La Poétique de la rêverie*, Paris, PUF, 1960.

112. R. QUENEAU, Exergue, *in* G. PEREC, *W ou le souvenir d'enfance*, op. cit.

113. P. WATZLAWICK, *Faites vous-mêmes votre malheur*, Paris, Seuil, 1984.

114. C. BURGELIN, *Les Parties de dominos chez M. Lefèvre. Perec avec Freud. Perec contre Freud*, Paris, Circé, 1996, p. 64.

115. G. PEREC, *W ou le souvenir d'enfance, op. cit.*, p. 10 et p. 59.

CONCLUSION

1. CIORAN, *Œuvres*, Quarto-Paris, Gallimard, 1995, p. 47.

2. G. FISCHER, *Le Ressort invisible. Vivre l'extrême*, Paris, Le Seuil, 1994, p. 269.

3. A. BLOOM, S. VANISTENDAEL, *La Résilience ou le réalisme de l'espérance*, Genève, BICE, 1996, p. 17.

BIBLIOGRAPHIE

ABALAN F., BOURGEOIS M., « Les conséquences neuropsychiques de la déportation », *Synapse*, 119, 1995.

ABRAHAM N., TOROK M., *L'Écorce et le Noyau*, Paris, Flammarion, 1987.

ANATRELLA T., « Incestes », conférence au *Vendredi de Châteauvallon*, 1995.

ANDRÉ C., LELORD F., LÉGERON P., *Le Stress*, Paris, Privat, 1998.

ANZIEU D., *Le Moi-Peau*, Paris, Dunod, 1985.

ARENDT H., *La Condition de l'Homme moderne*, Paris, Calmann-Lévy, 1961.

AURIAT N., « Les défaillances de la mémoire humaine », *Cahier INED*, n° 136, 1996.

BADDELEY A., *La Mémoire humaine. Théorie et pratique*, Paris, Presses universitaires de Grenoble, 1993.

BADDOURA C. F., « Traverser la guerre », *in* CYRULNIK B. (Dir.), *Ces enfants qui tiennent le coup*, Paris, Hommes et perspectives, 1998.

BAILLY L., *Les Catastrophes et leurs conséquences psychotraumatiques chez l'enfant*, Paris, ESF, 1996.

BASSITCHE A., « L'évolution des relations familiales comme indicateur de changement social en Côte-d'Ivoire », *Bulletin de l'Association française de Psychologie et de Psychopathologie sociale*, printemps 1991.

BAUMANN D., *La Mémoire des oubliés*, Paris, Albin Michel, 1988.

BEAUREPAIRE R. de, « Les mémoires traumatiques de Rachel Yehuda », *Dépression*, 10, janvier/février 1998.

BEAUVOIS J. L., *Traité de la servitude libérale*, Paris, Dunod, 1994.

BEN-PORATH Y. S., *Issues in the psycho-social adjustment of refugees*, Minnesota, National Institute of Mental Health, 1987.

BENIGNI R., CERAMI V., *La vie est belle*, Paris, Gallimard, coll. « Folio », 1998.

BERRY J. M., KIM V., MINDE T., MOK D., « Comparative Studies of acculturative stress », *International Migration Review*, 21, 1987.

BILLETDOUX F., cité *in* ROUX G., LAHARIE M., *L'humour – Histoire, culture et psychologie*, Pau, Société internationale de Psychopathologie de l'Expression et de l'Art-Thérapie, 1998.

BIRCH H. G., GUSSOW J. D., *Disadvantaged Children : Health, Nutrition and School Failure*, New York, Grune and Stratton, 1970.

BLANCHON Y. C., « Les états dépressifs de l'enfance », *Abstract Neuro-Psy*, 174, 30 nov.-15 déc. 1997.

BLOOM A., VANISTENDAEL V., *La Résilience ou le réalisme de l'espérance*, Genève, BICE, Bureau international catholique de l'Enfance, 1996.

BOOTHBY N., « Children of war : Survival as a Collective Act », *in* McCALLIN M., *The Psychological Will-Being of Refugee Children* ICCB, Geneva (BICE), 1996.

BOUGNOUX D., « La suggestion. Hypnose, influence, transe », *Colloque de Cerisy*, Le Plessis-Robinson, Les Empêcheurs de penser en rond, 1991.

BOURGOIS P., « Résistance et autodestruction dans l'apartheid américain », *Actes de la recherche en Sciences sociales*, 120, déc. 1997.

BOWLBY J., « La perte – Tristesse et dépression », *in Attachement et perte*, Tome III, Paris, PUF, 1984.

BOWLBY J., « L'avènement de la psychiatrie développementale a sonné », *Devenir*, vol. IV, 4, 1992.

BOYSSON-BARDIES B. de, *Comment la parole vient aux enfants*, Paris, Odile Jacob, 1996.

BRAUNER A., BRAUNER F., *Le Dessin de l'enfant dans la guerre*, Paris, Expansion scientifique française, 1991.

BREMMER J. D., « MRN : based measurement of hippocampal volume in patients with combat-related post-traumatic stress disorder », *Am. J. Psychiatry*, 152, 1995.

BROWN G. W., HARRIS T., *Depression in Life Events and Illness*, New York, Guilford Press, 1988.

BROWN G. W., HARRIS T. O., BIFULCO A., « The long term effectsof early loss of parent » *in* RUTTER M., IZARD C. E., READS P. B.(Eds), *Depression in Young People*, New York, Guilford Press,1986.

BROWNING C. R., *Des hommes ordinaires*, Paris, Les Belles Lettres, 1994.

BRUNER J., ... *car la culture donne force à l'esprit*, Paris, Eshel, 1991, p. 63.

BURGELIN C., *Les Parties de dominos chez Monsieur Lefèvre. Perec avec Freud. Perec contre Freud*, Circé, 1996.

BURLINGHAM D., FREUD A., *Enfants sans famille*, Paris, PUF, 1949.

CANETTI E., *Masse et puissance*, Paris, Gallimard, 1966.

CARREL A., *L'Homme, cet inconnu*, Paris, Plon, 1935.

COSNIER J., *Le Retour de Psyché. Critique des nouveaux fondements de la psychologie*, Paris, Desclée de Brouwer, 1998.

COUTANCEAU R., *Journées UNESCO*, Paris, Ligue française pour la Santé mentale, 1997.

CRU R., NORTON J., *Essai d'analyse et de critique des souvenirs des combattants édités en français de 1915 à 1928*, Paris, Éd. Les Étincelles, 1929. Rééd. *Témoins et témoignages*, Nancy, Presses universitaires de Nancy, 1994.

CYRULNIK B., « Les enfants sans lien », *in* AÏN J., *Errances*, Toulouse, Eres, 1996.

CYRULNIK B., « La transmission de pensée, ou le comment de la parole », *in* SANTI S., GUAÏTELLA I., CAVÉ C., KONOPCZYNSKI G. (eds), *Oralité et gestualité, communication multimodale, interaction*, Paris, L'Harmattan, 1998.

DAMASIO A. R., *L'Erreur de Descartes. La raison des émotions*, Paris, Odile Jacob, 1995, « Poches Odile Jacob », 2000.

DOLTO F., *La Difficulté de vivre*, Paris, Carrère, 1987.

DULONG R., *Le Témoin oculaire*, École des hautes Études en Sciences sociales, 1998.

DUMARET A., COPPEL-BATSCH M., « Évolution à l'âge adulte d'enfants placés en famille d'accueil », *Psychiatrie de l'enfant*, 2, 1996.

DUYME M., « Les enfants abandonnés : rôle des familles adoptives et des assistantes maternelles », Monographie française de Psychologie, Paris, *Éditions du CNRS*, 56, 1981.

ENJOLET C., *En danger de silence*, Paris, Robert Laffont, 1999.

ENJOLET C., *Princesse d'ailleurs*, Paris, Phébus, 1997.

ERICSON E. H., *Enfance et société*, Neuchâtel, Delachaux et Niestlé, 1982.

FLAHERTY J. A., KOHN R., LEVAY I., BIRZ S., *Comprehensive Psychiatry*, New York, vol. 29, 26, 1988.

FREDEN L., *Aspects psychosociaux de la dépression*, Bruxelles, Pierre Mardaga, 1982.

FREUD A., *L'Enfant dans la psychanalyse*, Paris, Gallimard, 1976.

FREUD A., *Le Moi et les Mécanismes de défense*, Paris, PUF (1936), 1993.

FREUD A., *Le Normal et le Pathologique chez l'enfant*, Paris, Gallimard, 1965.

FREUD S., « Dora » ; Cinq psychanalyses, Paris, PUF, 1954.

FREUD S., « L'humour », in L'Inquiétante Étrangeté et autres essais, 1927, Paris, Gallimard, 1985.

FREUD S., « Les psychonévroses de défense », in Névrose, psychose et perversion, Paris, PUF, 1974.

FREUD S., Essais de psychanalyse appliquée, Paris, Gallimard, 1933.

FREUD S., Métapsychologie, Paris, Gallimard, 1952.

GRAPPE M., « Troubles psychiques post-traumatiques chez les enfants victimes de guerre ; séquelles simples et formes cliniques graves », La Revue française de Psychiatrie et de Psychologie médicale, n° 10, septembre 1997.

GROSSMAN V., Vie et destin. Lausanne, L'Âge d'Homme, 1980.

GUETTAT J.-L. (dir.), Pour une prise en charge réelle et réaliste, L'Essor, ACDIP, Montpellier, décembre 1980.

HAYNAL A., « Les orphelins savent rebondir », in Colloque Château-vallon-Ollioules, « Ces enfants qui tiennent le coup », Revigny-sur-Ornain, Hommes et Perspectives, 1998.

HAYNAL A., Dépression et créativité. Le sens du désespoir, Lyon, Cesura, 1987.

HEDLUND E., « L'expérience suédoise du traitement des agressions sexuelles. Quelles difficultés après 20 ans de travail ? », in Collectif féministe contre le viol, Le Viol : un crime, vivre après, École nationale de la Magistrature, 14 janvier 1995.

HEFTER N., Si tu t'en sors... Auschwitz 1944-1945, Paris, La Découverte, 1992.

IONESCU S., JACQUET M.M., LHOTE C., Les Mécanismes de défense. Théorie et clinique, Paris, Nathan, 1997.

JOANETTE Y., LAFOND D., LECOURS A.R., « L'aphasie de l'aphasique », in PONZIO J., LAFOND D., DEGIOVANNI R., JOANETTE Y., L'Aphasique, Québec, Edisem, Paris, Maloine, 1991.

JOUGLARD J., « Design drugs and addiction », in AMIN A., LAPRAS P., 3es Journées méditerranéennes de toxicomanies, Toulon, nov. 1998.

KAUFMAN J., ZIGLER E., « Do abused children become abusive parents ? », American Journal of ortho-psychiatry, 52, avril 1987.

KOUPERNIK C., « Plaidoyer pour le cas unique », Pour la recherche, 2, mars 1998.

LAFONT M., L'Extermination douce, Thèse de médecine, Lyon, 1981.

LANGLOIS G., « Les enfants et les parents d'abord », Impact médecine, 30, novembre 1998.

LANI M., « À la recherche... de la génération perdue », Le Journal des Psychologues, mars 1990.

LAPLANCHE J., PONTALIS J.-B., Vocabulaire de la psychanalyse, Paris, PUF, 1973.

LAPLANE D., *La Pensée d'outre-mots*, Le Plessis-Robinson, Les Empêcheurs de penser en rond, 1997.

LAST V., KLEIN H., « Impact de l'Holocauste : transmission aux enfants du vécu des parents », *L'Évolution psychiatrique*, 462, 1981.

LEBOVICI S., « À propos des effets lointains des séparations précoces », *Abstract Neuro-Psy*, 145, mars-avril 1996.

LEBRETON D., *Passions du risque*, Paris, Metailié, 1991.

LEGENDRE P., *L'Inestimable Objet de la transmission*, Paris, Fayard, 1985.

LEJEUNE Y., *Le Village d'Enfants en France, 1946, Nouvelle formule Enfance-Assistance*. Thèse, Liège, Centre de Formation sociale, 1946.

LEMAY M., « La gestion des paradoxes », *in AFIREM*, « Secret maintenu, secret dévoilé », Paris, Karthala, 1994.

LOFTUS E., KETCHAM K., *Le Syndrome des faux souvenirs*, Paris, Éd. Exergue, 1997.

LOUTRE DU PASQUIER N., *Le Devenir des enfants abandonnés*, Paris, PUF, 1981.

LUDWIG A.M., « Mental illness and creative activity in female writers », *Am. J. Psychiatry*, 151, 1994.

MEUNIER J., *Les Gamins de Bogotá*, Paris, Métailié, 1989.

MICHAUD Y., « La violence. Une question de normes », *Sciences humaines*, 89, décembre 1998.

MIGNOT C., STRAUSS P., *Étude du devenir à long terme d'une cohorte d'enfants maltraités dans leur première enfance*, ministère de la Justice, AFIREM, 1991.

MIOLLAN C., « Quand l'enfant abandonnique crée », *Le Journal des Psychologues*, 95, 1992.

MORISSEAU L., « Un aspect psychopathologique de la violence dans la guerre chez l'enfant : le clivage individuel et collectif dans les traumatismes dans le psychisme et la culture », *in* DORAY B., LOUZOUN C., (dir.), *Les Traumatismes dans le psychisme et la culture*, Toulouse, Eres, 1997.

MORO M.-R., « D'où viennent ces enfants si étranges ? Logiques de l'exposition dans la psychopathologie des enfants de migrants », *Nouvelle revue d'ethnopsychiatrie*, 12, 1989.

MORO M.-R., *Psychothérapie transculturelle des enfants de migrants*, Paris, Dunod, 1998.

NACHIN C., *Les Fantômes de l'âme*, Paris, L'Harmattan, 1993.

NAMER G., *Mémoire et société*, Méridien, Paris, Klincksiek, 1987.

NATHAN T., *L'Influence qui guérit*, Paris, Odile Jacob, 1994.

NIEMETZKY P., FRANÇOIS C., CYRULNIK B., « Le secret sécrète, ou l'éclairage éthologique du secret », *Synapse*, 120, nov. 1995.

PEWZNER E., *L'Homme coupable. La folie et la faute en Occident*, Paris, Odile Jacob, 1996.

PORRET J.M., *Orphelinage et créativité*, Thèse, Genève, 1977.

PROST A, « De la Première Guerre mondiale à nos jours », *in* ARIÈS P., DUBY G., *Histoire de la vie privée*, V, Paris, Seuil, 1987.

PUNAMAKI R.L., « Psychological Reactions of Palestinians and Israëli Children Toward Violence », *in Children in War* : *Proceeding of the Symposium*, Finland, Siunto Baths, 1983.

QUINTON D., RUTTER M., LIDDLE C., « Institutional rearing, parental difficulties and marital support », *Psychological Medecine*, 14, 1984.

RADKE-YARROW M., SHERMAN T., « Hard growing : children who survive », *in Risk and Protective Factors in the Development of Psychopathology*, New York, Cambridge University Press, 1990.

ROBINSON R, « The present state of people who survived the Holocaust as children », *Acta Psychiatrica Scandinavia*, 89, 1994.

RUTTER M., « Psychosocial resilience and protective mechanisms », *in* Rolf J., Masten A.S., *Risk and Protective Factors in the Development of Psychopathology*, New York, Cambridge University Press, 1992.

SANDLER J., 1985, *in* IONESCU S., JACQUET M.M., LHOTE C., *Les Mécanismes de défense*, Paris, Nathan, 1997.

SOULÉ M., « Le secret de Polichinelle », *in Secret maintenu, secret dévoilé*, Paris, Karthala, 1994.

SOULÉ M., CYRULNIK B., *L'Intelligence avant la parole*, Paris, ESF, 1998.

SPITZ R., « Anaclitic depression », *Psychoanalytic Study of the Child*, New York, 2, 1946.

SPRENGEL R., *in* Fajrajzen, *The Psychological Educational and Social Adjustment of Refugee and Displaced Children in Europe*, Genève, UNESCO, 1987.

STRAUSS P., *Maltraitance : qui, pourquoi, comment ?*, *in L'Enfance maltraitée*, Paris, Syros, 1996.

STRAUSS P., Manciaux M., *L'Enfant maltraité*, Paris, Fleurus, 1993.

TISSERON S., « L'héritage insu : les secrets de famille », *in Communications-Générations et filiations*, Paris, Seuil, 59, 1994.

TISSERON S., *La Honte. Psychanalyse d'un lien social*, Paris, Dunod, 1992.

TOUSSIGNANT M., *Les Origines sociales et culturelles des troubles psychologiques*, Paris, PUF, 1992.

VAILLANT G.E., *The Wisdom of the Ego*, Harvard University Press, 1997.

VAILLANT G.E., VAILLANT G.O., « Natural History of male psychological health. A 45 years study of predictors of successfull
aging », *American Journal of Psychiatry*, 147, 1990.

VAN CI JSEGHEM H. « Réflexions sur la révélation et la rétractation », *in AFIREM, Secret maintenu, secret dévoilé*, Karthala,
1994.

VANISTENDAEL S., « Clés pour devenir : la résilience », Les Vendredis
de Châteauvallon, nov. 1998. BICE : Bureau international
catholique de l'Enfance, Genève, 1996.

VIGARELLO G., *Histoire du viol xvf°-xx° siècle*, Paris, Seuil, 1998.

VINCENT G., « Guerres dites, guerres tues et l'énigme identitaire »,
in ARIÈS P., DUBY G., *Histoire de la vie privée*, Paris, Seuil, tome V,
1987.

WEILL M., « Le blues des femmes de lettres », *Abstract Neuro-Psy*,
130, 15-30 avril 1995.

WERNER E.E., SMITH S., *Vulnerable but Invincible*, New York,
Mc Graw Hill, 1982.

WOLIN S., WOLIN R., « Resilience among youth growing until substance-abusing families », *Pediat. Clin. Morth. Am.*, 42, 1995.

YEHUDA R., « Low Urinary cortisol excretion in holocaust survivors
with post traumatic stress disorder », *Am. J. Psychiatry*, 152,
1995.

ZAJDE N., *Enfants de survivants*, Paris, Odile Jacob, coll. « Opus »,
1995.

ZLATINE S., « Praxis de l'aphasie : au moment de répondre », *Ornicar*, 33, avril-juin 1985.

TABLE

INTRODUCTION

CHAPITRE PREMIER

L'espoir inattendu

Ce qui impressionne un enfant et reste dans sa mémoire ne veut rien dire pour un adulte qui

L'hébétude provoquée par un traumatisme terrible
laisse souvent moins de traces que des blessures

TABLE   215

Les deux choix les plus névrotiques de notre existence, le choix du métier et le choix du conjoint,
donnent le thème de notre existence. Mais chaque

CHAPITRE II

Soleils noirs sans mélancolie

TABLE 217

CONCLUSION

Dans la collection « Poches Odile Jacob »

Imprimé en France sur Presse Offset par

BRODARD & TAUPIN

GROUPE CPI

La Flèche (Sarthe), le 21-01-2002
N° d'impression : 10693
N° d'édition : 7381-1125-X
Dépôt légal : janvier 2002